Impressum
Verlag: BABADADA GmbH, Nedderfeld 112 , 22529 Hamburg
Geschäftsführer / Verlagsleitung: Harald Hof
Druck: Books on Demand GmbH, In de Tarpen 42, 22848 Norderstedt

Imprint
Publisher: BABADADA GmbH, Nedderfeld 112 , 22529 Hamburg, Germany
Managing Director / Publishing direction: Harald Hof
Print: Books on Demand GmbH, In de Tarpen 42, 22848 Norderstedt, Germany

die Schule
School

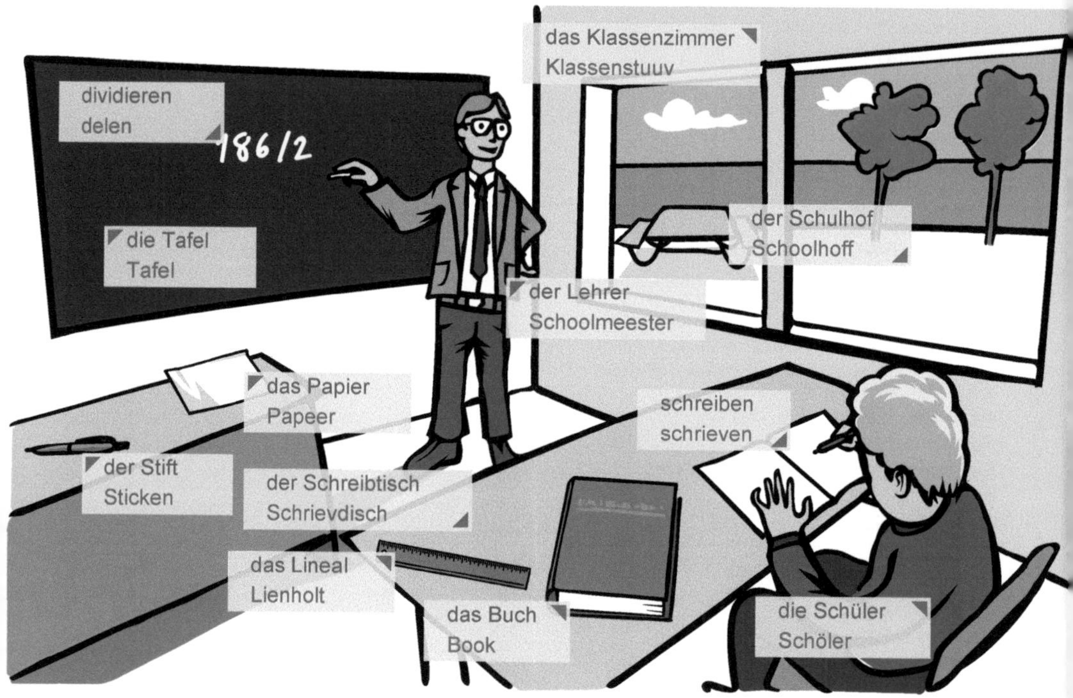
das Klassenzimmer
Klassenstuuv
dividieren
delen
186/2
die Tafel
Tafel
der Schulhof
Schoolhoff
der Lehrer
Schoolmeester
das Papier
Papeer
schreiben
schrieven
der Stift
Sticken
der Schreibtisch
Schrievdisch
das Lineal
Lienholt
das Buch
Book
die Schüler
Schöler

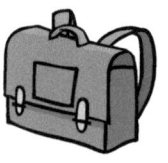

der Ranzen

Ranzel

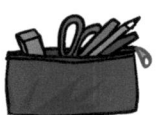

die Federmappe

Feddermapp

der Bleistift

Bleesticken

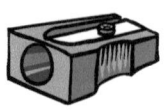

der Bleistiftanspitzer

Scharpmaker

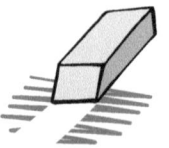

das Radiergummi

Radeergummi

der Zeichenblock

Tekenblock

die Zeichnung
....
Teken

der Pinsel
....
Pinsel

der Malkasten
....
Malkassen

die Schere
....
Scheer

der Klebstoff
....
Klever

das Übungsheft
....
Heft to'n Öven

die Hausaufgabe
....
Huusopgaav

die Zahl
....
Tall

addieren
....
tohooptellen

subtrahieren
....
aftrecken

multiplizieren
....
malnehmen

rechnen
....
reken

der Buchstabe
....
Bookstaav

das Alphabet
....
ABC

das Wort
....
Woort

der Text

Text

lesen

lesen

die Kreide

Kried

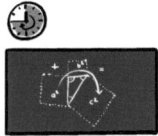

die Stunde

Stunn

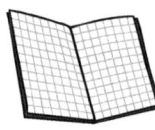

das Klassenbuch

Klassenbook

die Prüfung

Pröven

das Zeugnis

Tüügnis

die Schuluniform

Schooluniform

die Ausbildung

Utbillen

das Lexikon

Nakieksel

die Universität

Universität

das Mikroskop

Mikroskop

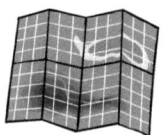

die Karte

Koort

der Papierkorb

Papeerkorf

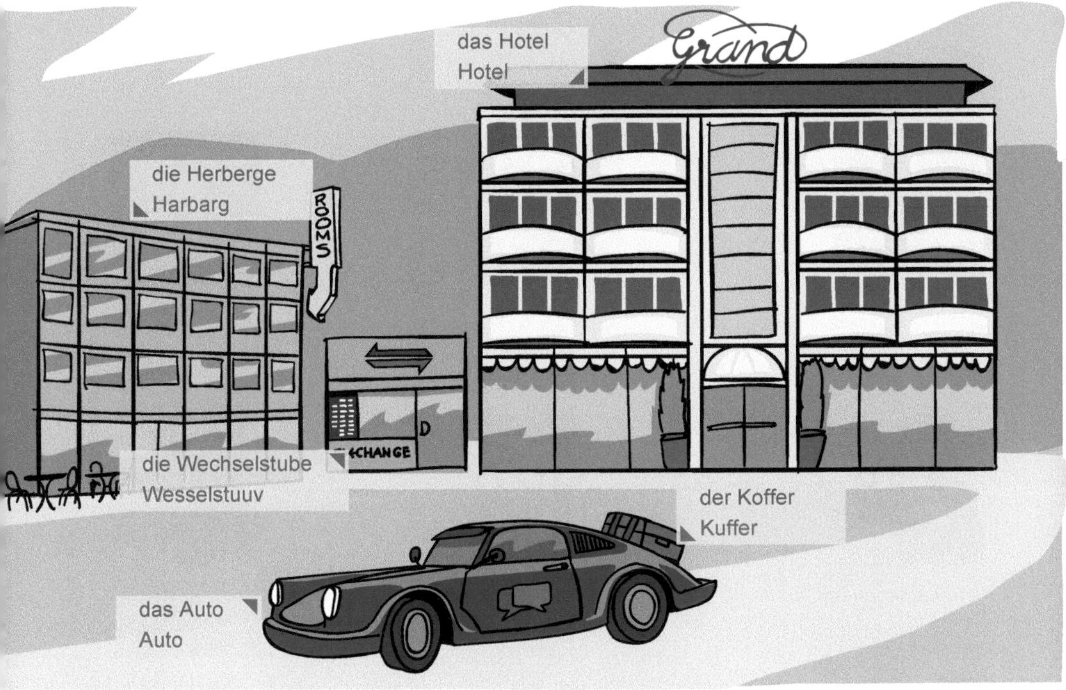

das Hotel
Hotel
Grand
die Herberge
Harbarg
ROOMS
die Wechselstube
Wesselstuuv
EXCHANGE
der Koffer
Kuffer
das Auto
Auto

die Sprache
Spraak

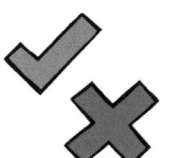

ja / nein
jo / ne

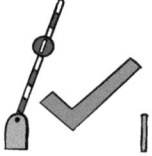

Okay
Jo

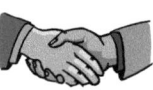

Hallo
Moin

der Übersetzer
Översetter

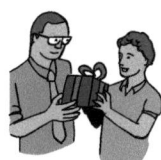

Danke
Dank ok

Was kostet...?

Wat kost...?

Ich verstehe nicht

Ik verstah nich

das Problem

Problem

Guten Abend!

Goden Avend

Guten Morgen!

Moin!

Gute Nacht!

Gode Nacht!

Auf Wiedersehen

Tschüüs

die Richtung

Richt

das Gepäck

Bagaasch

die Tasche

Tasch

der Rucksack

Rüchsack

der Gast

Gast

das Zimmer

Stuuv

der Schlafsack

Slaapsack

das Zelt

Telt

die Touristeninformation

Touristeninformatschoon

der Strand

Strand

die Kreditkarte

Kreditkoort

das Frühstück

Fröhstück

das Mittagessen

Meddageten

das Abendessen

Avendeten

die Fahrkarte

Fohrkort

der Fahrstuhl

Fohrstohl

die Briefmarke

Breefmark

die Grenze

Grenz

der Zoll

Toll

die Botschaft

Bottschop

das Visum

Visum

der Pass

Pass

der Transport
Transport

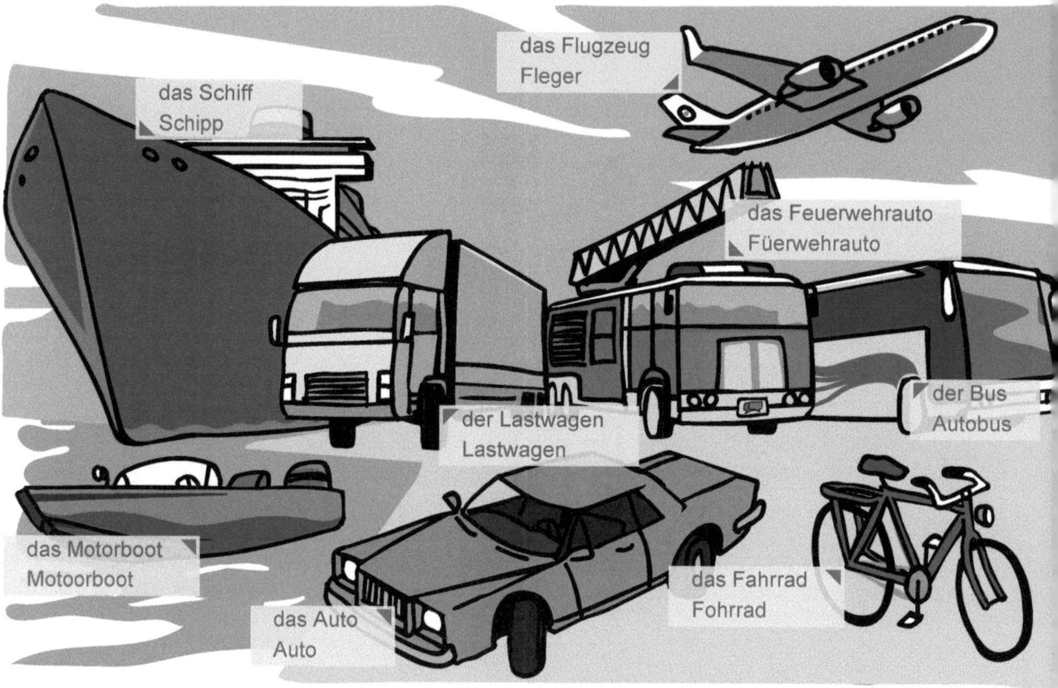
das Flugzeug
Fleger
das Schiff
Schipp
das Feuerwehrauto
Füerwehrauto
der Bus
Autobus
der Lastwagen
Lastwagen
das Motorboot
Motoorboot
das Fahrrad
Fohrrad
das Auto
Auto

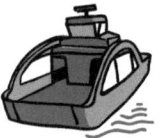

die Fähre

Fähr

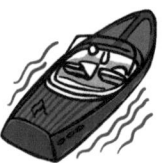

das Boot

Boot

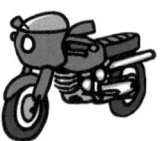

das Motorrad

Motoorrad

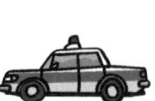

das Polizeiauto

Polizeiauto

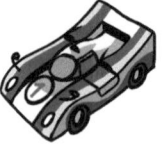

das Rennauto

Rönnauto

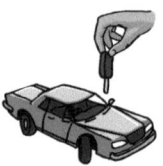

der Mietwagen

Lehnwagen

das Carsharing

Carsharing

der Abschleppwagen

Afsleepwagen

das Müllauto

Müllauto

der Motor

Motoor

der Kraftstoff

Kraftstoff

die Tankstelle

Tanksteed

das Verkehrsschild

Verkehrsschild

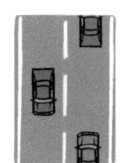

der Verkehr

Verkehr

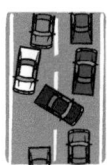

der Stau

Stau

der Parkplatz

Afstellplatz

der Bahnhof

Bahnhoff

die Schienen

Sporen

der Zug

Tog

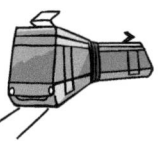

die Straßenbahn

Stratenbahn

der Wagon

Wagon

der Helikopter

Dwarsmöhl

der Flughafen

Flooghaven

der Tower

Tower

der Passagier

Fohrgast

der Container

Grootkist

der Karton

Karton

der Karren

Koor

der Korb

Korf

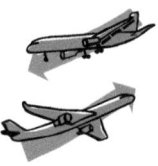

starten / landen

starten / lannen

die Stadt
Stadt

das Dorf

Dörp

das Stadtzentrum

Binnenstadt

das Haus

Huus

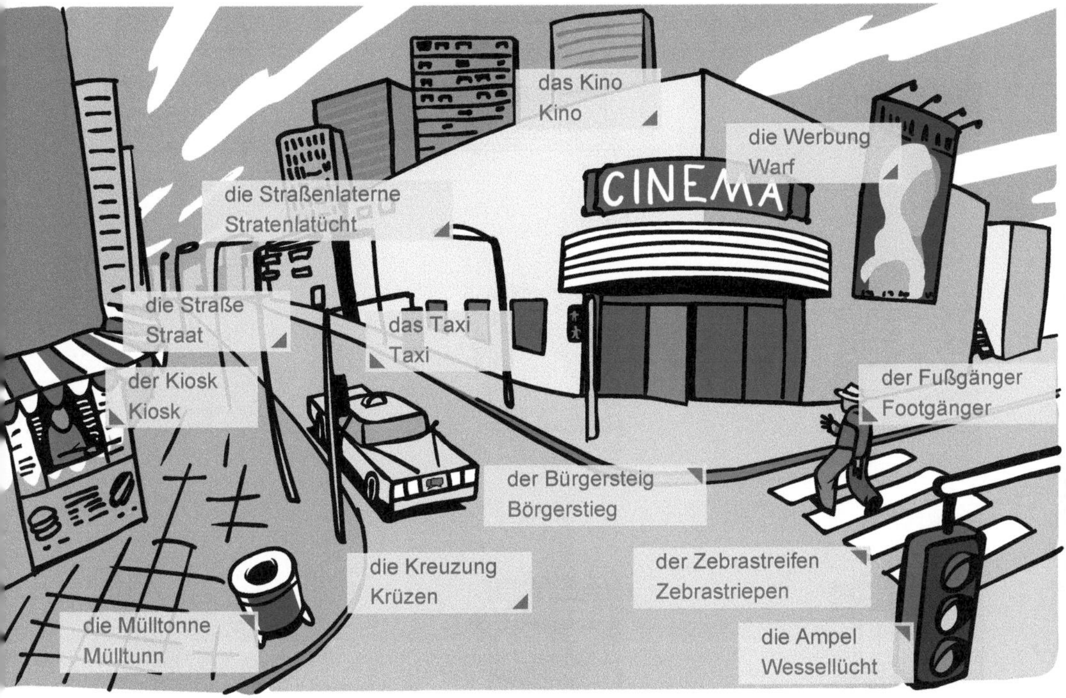

die Hütte
Hütt

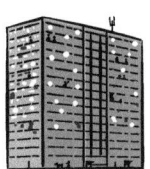

die Wohnung
Wahnung

der Bahnhof
Bahnhoff

das Rathaus
Raathuus

das Museum
Museum

die Schule
School

die Universität

Universität

die Bank

Bank

das Krankenhaus

Krankenhuus

das Hotel

Hotel

die Apotheke

Afteek

das Büro

Büro

die Buchhandlung

Bookhökerie

das Geschäft

Hökerie

der Blumenladen

Blomenhökerie

der Supermarkt

Supermarkt

der Markt

Markt

das Kaufhaus

Koophuus

der Fischhändler

Fischhökerie

das Einkaufszentrum

Inkoopszentrum

der Hafen

Haven

der Park

Parkanlaag

die Bank

Bank

die Brücke

Brüch

die Treppe

Trepp

die U-Bahn

Ünnergrundbahn

der Tunnel

Tunnel

die Bushaltestelle

Busstoppsteed

die Bar

Bar

das Restaurant

Spieslokal

der Briefkasten

Breefkassen

das Straßenschild

Stratenschild

die Parkuhr

Parkklock

der Zoo

Deertenpark

die Badeanstalt

Baadanstalt

die Moschee

Moschee

der Bauernhof
Buernhoff

die Umweltverschmutzung
Ümweltversmudden

der Friedhof
Karkhoff

die Kirche
Kark

der Spielplatz
Speelplatz

der Tempel
Tempel

die Landschaft
Landschop

das Blatt
Blatt

der Wegweiser
Wiespahl

der Weg
Weg

die Wiese
Wisch

der Stein
Steen

der Baum
Boom

der Wanderer
Wannerer

der Fluss
Fluss

das Gras
Gras

die Blume
Bloom

das Tal

Daal

der Berg

Barg

der See

See

der Wald

Holt

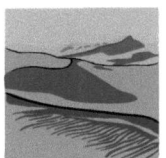

die Wüste

Wööst

der Vulkan

Füerspien Barg

das Schloss

Slott

der Regenbogen

Regenbagen

der Pilz

Poggenstohl

die Palme

Palm

der Moskito

Steekmück

die Fliege

Fleeg

die Ameise

Miegeemk

die Biene

Imm

die Spinne

Spinn

der Käfer

Sebber

der Frosch

Pogg

das Eichhörnchen

Katteker

der Igel

Swienegel

der Hase

Haas

die Eule

Uul

die Vogel

Vagel

der Schwan

Swaan

das Wildschwein

Wildswien

der Hirsch

Hirsch

der Elch

Elk

der Staudamm

Staudamm

das Windrad

Windrad

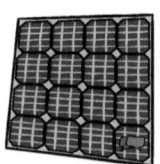

das Solarmodul

Solarmodul

das Klima

Klima

das Restaurant
Spieslokal

der Kellner
Kellner
die Speisekarte
Spieskoort
der Stuhl
Stohl
die Suppe
Supp
die Pizza
Pizza
das Besteck
Bestick
die Tischdecke
Dischdeek

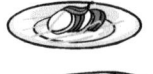

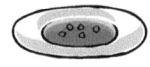

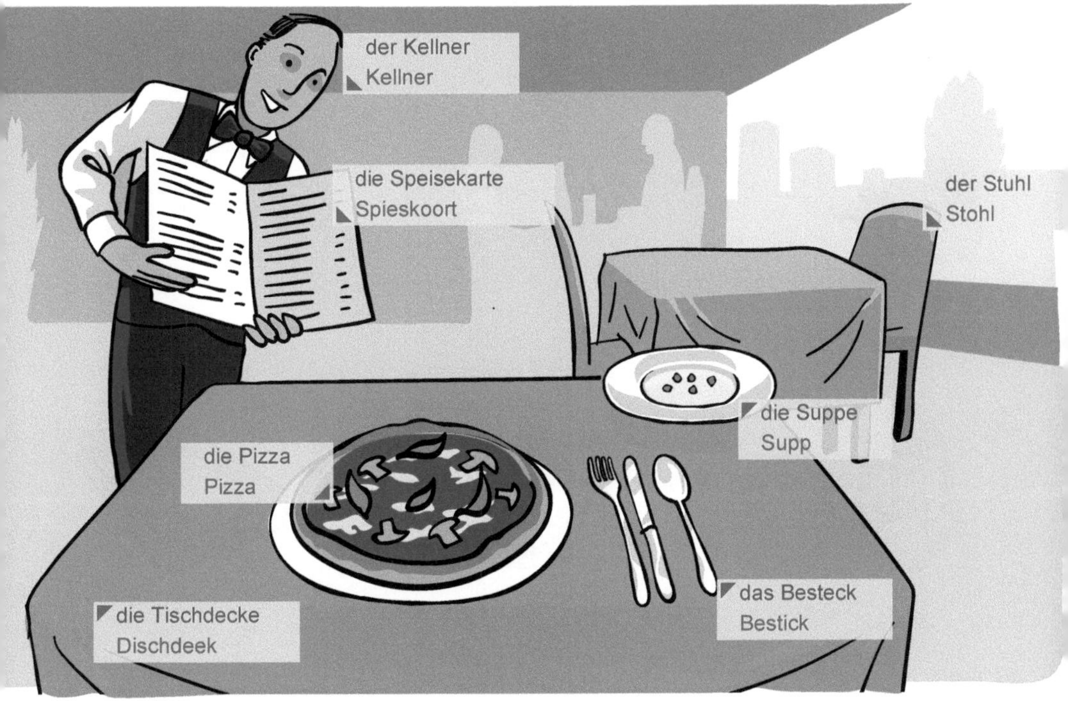

die Vorspeise

Vörspies

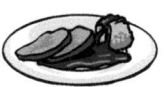

das Hauptgericht

Haupteten

die Nachspeise

Nadisch

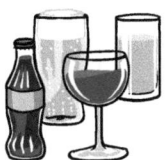

die Getränke

Drünk

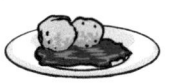

das Essen

Eten

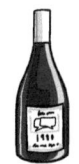

die Flasche

Buddel

das Fastfood

Fastfood

das Streetfood

Strateneten

die Teekanne

Teekann

die Zuckerdose

Zuckerdoos

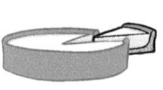

die Portion

Portschoon

die Espressomaschine

Espressomaschien

der Hochstuhl

Hoochstohl

die Rechnung

Reken

das Tablett

Tablett

das Messer

Mess

die Gabel

Gavel

der Löffel

Lepel

der Teelöffel

Teelepel

die Serviette

Munddook

das Glas

Glas

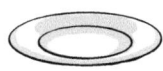

der Teller

Töller

der Suppenteller

Suppentöller

die Untertasse

Ünnertass

die Sauce

Sooß

der Salzstreuer

Soltstreuer

die Pfeffermühle

Pepermöhl

der Essig

Etig

das Öl

Ööl

die Gewürze

Krüder

das Ketchup

Ketchup

der Senf

Mostrich

die Mayonnaise

Mayonnaise

der Supermarkt
Supermarkt

das Angebot
Anbott
FOR
der Kunde
Kunn
die Milchprodukte
Melkprodukten
das Obst
Aaft
der Einkaufswagen
Inkoopswagen

BUTCHERS

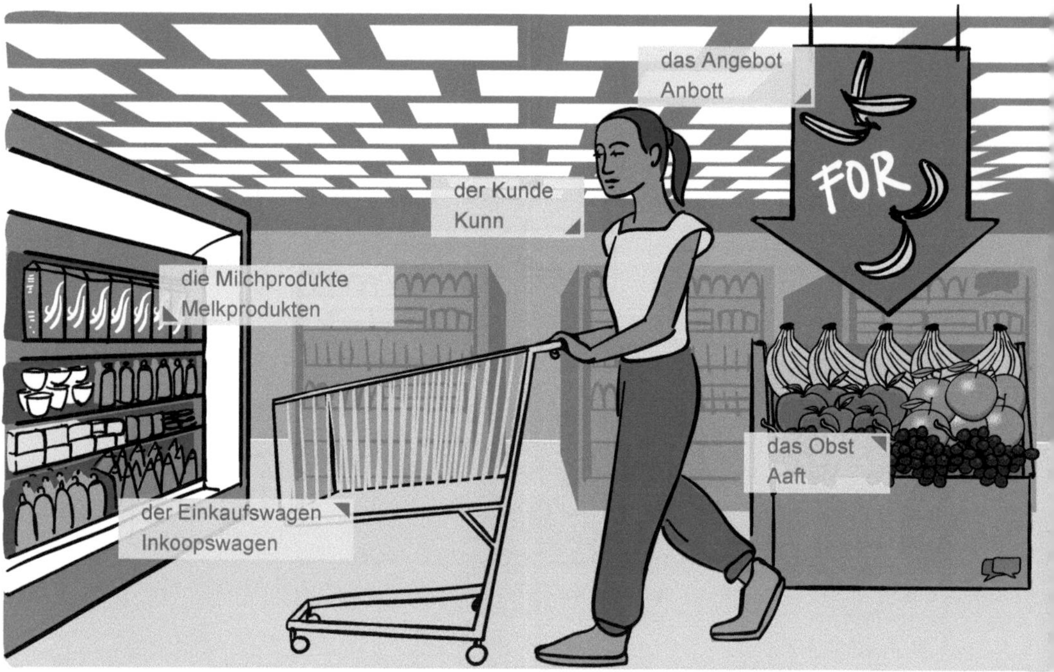

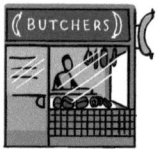

die Schlachterei
....
Slachterie

BAKERY

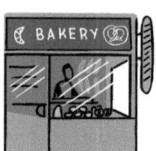

die Bäckerei
....
Bäckerie

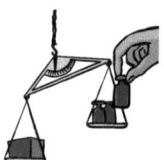

wiegen
....
wegen

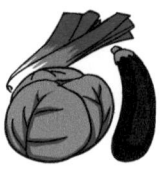

das Gemüse
....
Gröönsaken

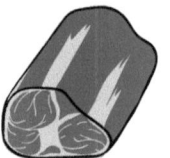

das Fleisch
....
Fleesch

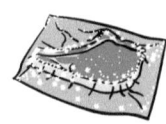

die Tiefkühlkost
....
Deepköhlkost

der Aufschnitt

Opsnitt

die Konserven

Konserven

das Waschmittel

Waschmiddel

die Süßigkeiten

Snoopkraam

die Haushaltsartikel

Huushooltssaken

das Reinigungsmittel

Reinmaaktüüch

die Verkäuferin

Verköpersche

die Kasse

Kass

der Kassierer

Kasserer

die Einkaufsliste

Inkoopslist

die Öffnungszeiten

Opsparrtieden

die Brieftasche

Breeftasch

die Kreditkarte

Kreditkoort

die Tasche

Tasch

die Plastiktüte

Plastiktüüt

der Supermarkt - Supermarkt

die Getränke
Drünk

das Wasser

Water

der Saft

Saft

die Milch

Melk

die Cola

Cola

der Wein

Wien

das Bier

Beer

der Alkohol

Spriet

der Kakao

Kakao

der Tee

Tee

der Kaffee

Koffie

der Espresso

Espresso

der Cappuccino

Cappucino

die Banane

Banaan

der Apfel

Appel

die Orange

Appelsien

die Melone

Meloon

die Zitrone

Zitroon

die Karotte

Wöttel

der Knoblauch

Knuuvlook

der Bambus

Bambus

die Zwiebel

Zibbel

der Pilz

Poggenstohl

die Nüsse

Nööt

die Nudeln

Nudeln

die Spaghetti

Spaghetti

der Reis

Ries

der Salat

Salat

die Pommes frites

Pommes frites

die Bratkartoffeln

Braadkantüffeln

die Pizza

Pizza

der Hamburger

Hamborger

das Sandwich

Sandwich

das Schnitzel

Snitzel

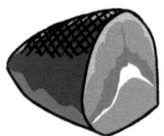

der Schinken

Schinken

die Salami

Salami

die Wurst

Wust

das Huhn

Hohn

der Braten

Braden

der Fisch

Fisch

das Essen - Eten

die Haferflocken

Haverflocken

das Müsli

Müsli

die Cornflakes

Cornflakes

das Mehl

Mehl

das Croissant

Croissant

das Brötchen

Rundstück

das Brot

Broot

der Toast

Toast

die Kekse

Keksen

die Butter

Botter

der Quark

Quark

der Kuchen

Koken

das Ei

Ei

das Spiegelei

Spegelei

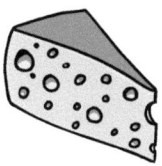

der Käse

Kees

die Eiscreme

Ies

der Zucker

Zucker

der Honig

Honnig

die Marmelade

Marmelaad

die Nougat-Creme

Nougat-Creme

das Curry

Curry

der Bauernhof
Buernhoff

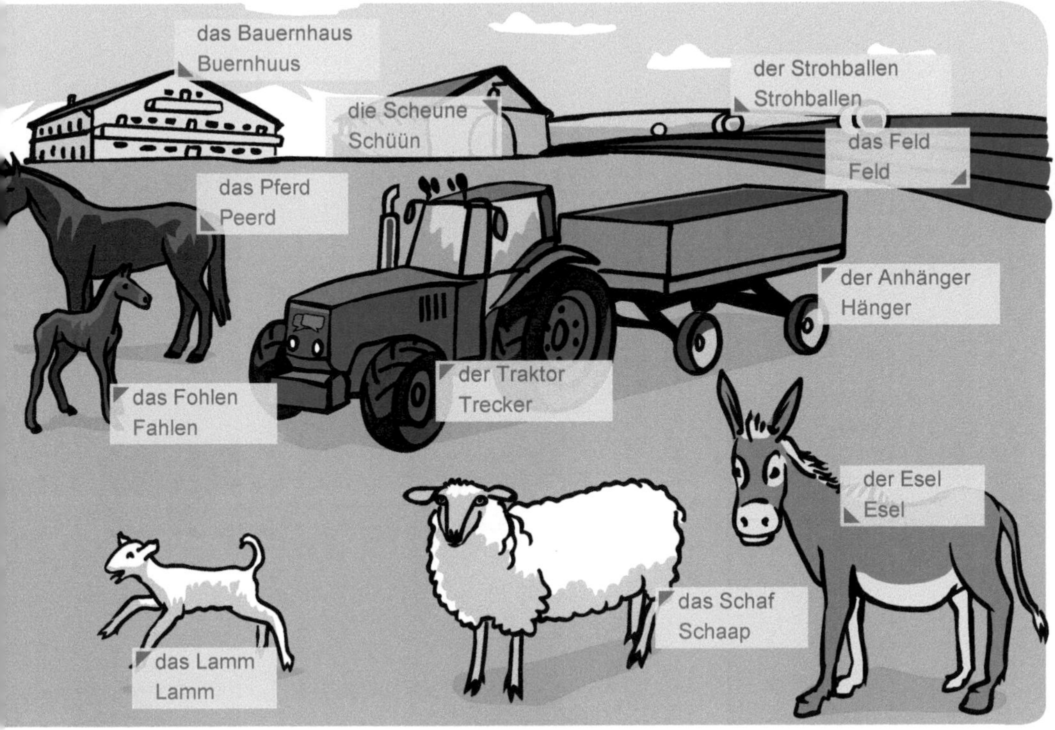
das Bauernhaus
Buernhuus
die Scheune
Schüün
der Strohballen
Strohballen
das Feld
Feld
das Pferd
Peerd
der Anhänger
Hänger
der Traktor
Trecker
das Fohlen
Fahlen
der Esel
Esel
das Schaf
Schaap
das Lamm
Lamm

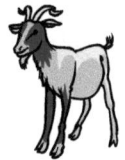

die Ziege

Zeeg

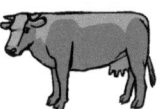

die Kuh

Koh

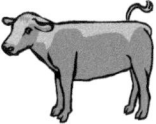

das Kalb

Kalf

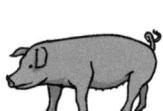

das Schwein

Swien

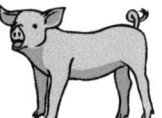

das Ferkel

Farken

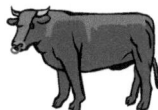

der Bulle

Bull

die Gans

Goos

die Ente

Aant

das Küken

Küken

das Huhn

Hohn

der Hahn

Hahn

die Ratte

Rott

die Katze

Katt

die Maus

Muus

der Ochse

Oss

der Hund

Hund

die Hundehütte

Hunnenhütt

der Gartenschlauch

Goornslauch

die Gießkanne

Geetkann

die Sense

Lee

der Pflug

Ploog

die Sichel

Sich

die Hacke

Hack

die Mistgabel

Mestfork

die Axt

Ext

die Schubkarre

Schuufkoor

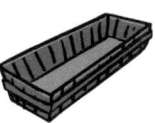

der Trog

Trog

die Milchkanne

Melkkann

der Sack

Sack

der Zaun

Tuun

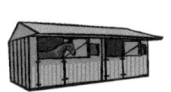

der Stall

Stall

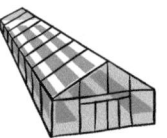

das Treibhaus

Drievhuus

der Boden

Bodden

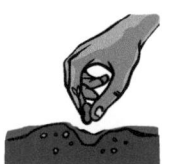

die Saat

Saat

der Dünger

Dünger

der Mähdrescher

Meihdöscher

ernten

oornen

die Ernte

Oorn

die Yamswurzel

Yamswöttel

der Weizen

Weten

das Soja

Soja

die Kartoffel

Kantüffel

der Mais

Törksche Weten

der Raps

Rapp

der Obstbaum

Aaftboom

der Maniok

Troopsch Kantüffel

das Getreide

Koorn

der Bauernhof - Buernhoff

das Haus
Huus

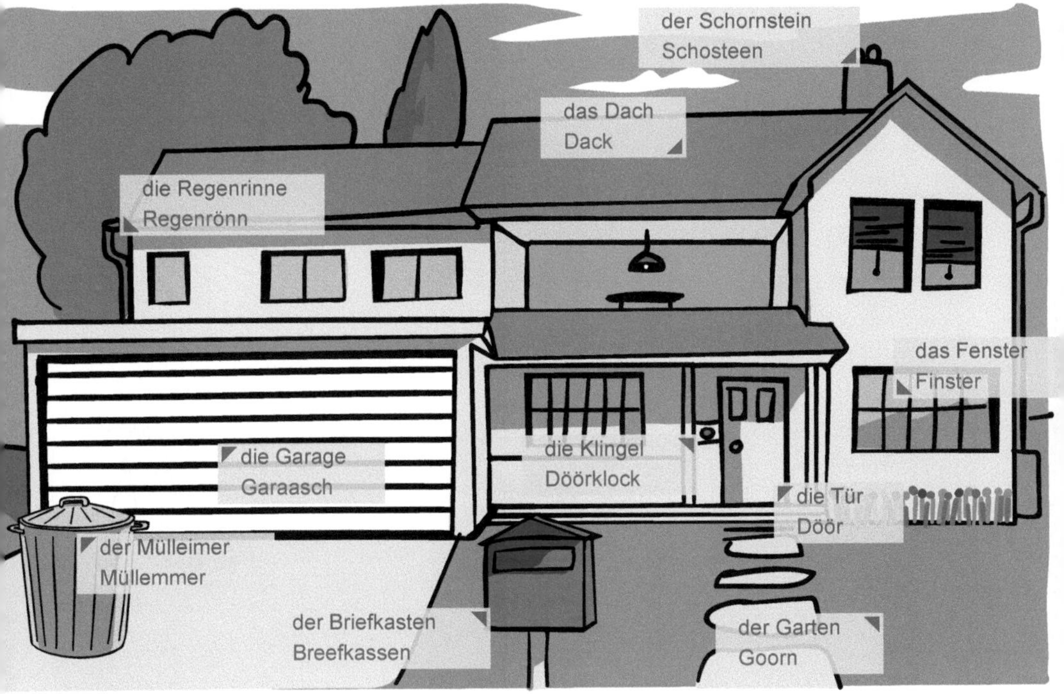
der Schornstein
Schosteen
das Dach
Dack
die Regenrinne
Regenrönn
das Fenster
Finster
die Garage
Garaasch
die Klingel
Döörklock
die Tür
Döör
der Mülleimer
Müllemmer
der Briefkasten
Breefkassen
der Garten
Goorn

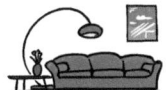

das Wohnzimmer

Wahnstuuv

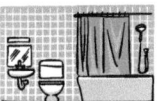

das Badezimmer

Baadstuuv

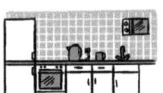

die Küche

Köök

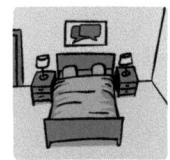

das Schlafzimmer

Slaapstuuv

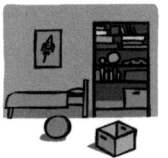

das Kinderzimmer

Kinnerstuuv

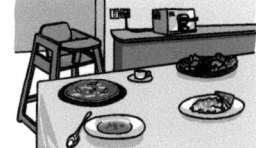

das Esszimmer

Eetstuuv

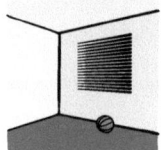

der Boden

Footbodden

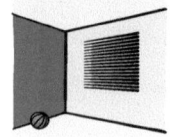

die Wand

Wand

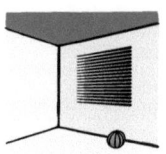

die Decke

Deek

der Keller

Keller

die Sauna

Hittluftbad

der Balkon

Balkon

die Terrasse

Terrass

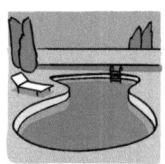

das Schwimmbad

Swümmbad

der Rasenmäher

Rasenmeiher

der Bettbezug

Bettbetog

die Bettdecke

Bettdeek

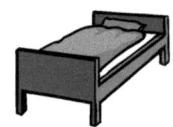

das Bett

Puuch

der Besen

Bessen

der Eimer

Emmer

der Schalter

Schalter

das Wohnzimmer
Wahnstuuv

die Tapete
Tapeet
das Bild
Bild
die Lampe
Lamp
das Regal
Regal
der Schrank
Schapp
der Fernseher
Kiekkassen
der Kamin
Kamin
die Blume
Bloom
das Kissen
Küssen
das Sofa
Sofa
die Vase
Vaas
die Fernbedienung
Feernbedenen

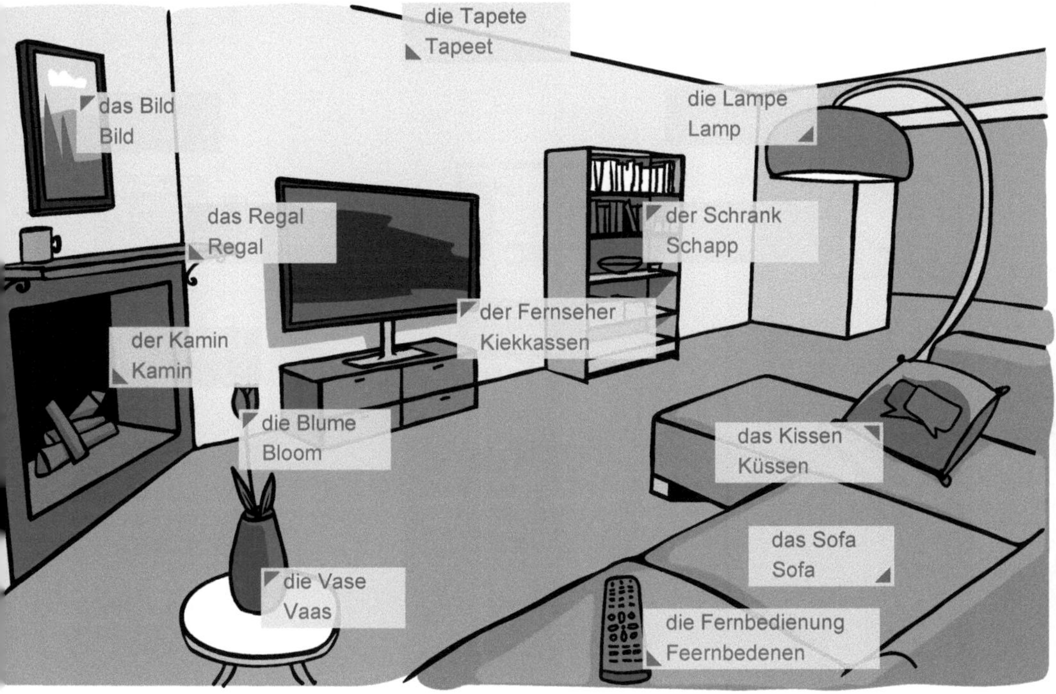

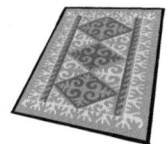

der Teppich

Teppich

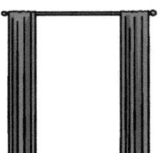

der Vorhang

Vörhang

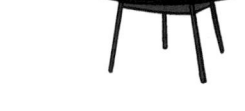

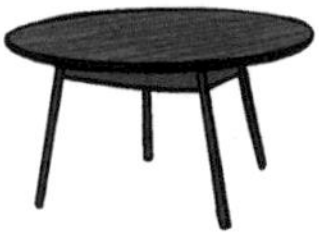

der Tisch

Disch

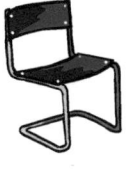

der Stuhl

Stohl

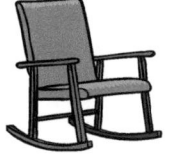

der Schaukelstuhl

Schuckelstohl

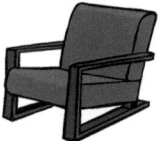

der Sessel

Sessel

das Buch

Book

die Decke

Deek

die Dekoration

Dekoratschoon

das Feuerholz

Füerholt

der Film

Film

die Stereoanlage

Stereoanlaag

der Schlüssel

Slötel

die Zeitung

Narichtenblatt

das Gemälde

Gemälde

das Poster

Poster

das Radio

Radio

der Notizblock

Opschrievblock

der Staubsauger

Huulbessen

der Kaktus

Kaktus

die Kerze

Kars

die Küche

Köök

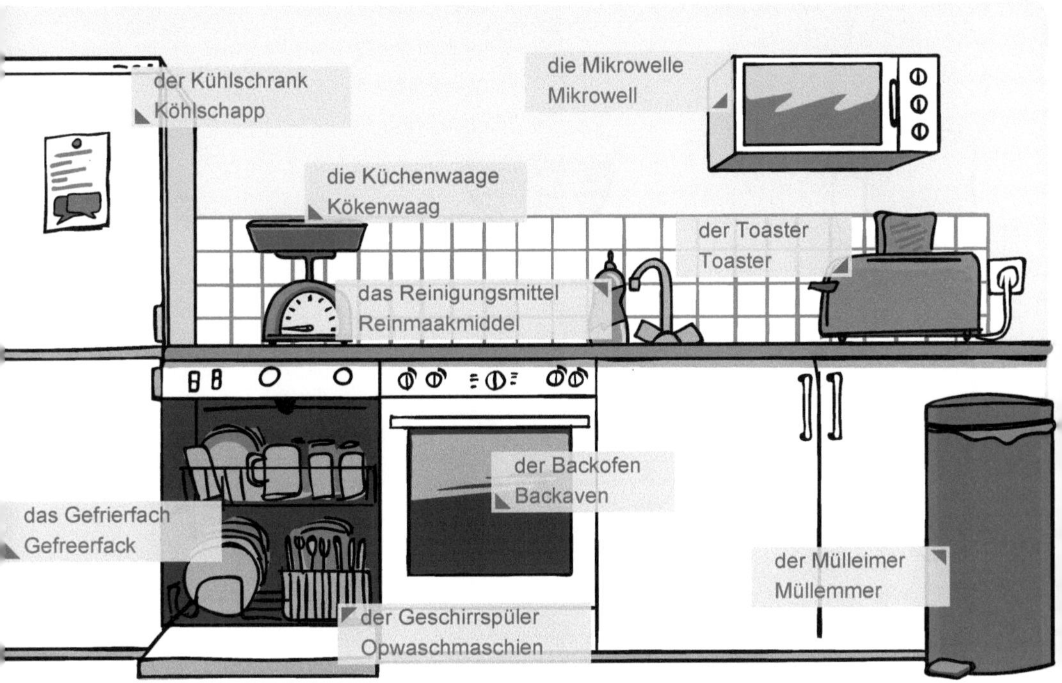
der Kühlschrank
Köhlschapp
die Mikrowelle
Mikrowell
die Küchenwaage
Kökenwaag
der Toaster
Toaster
das Reinigungsmittel
Reinmaakmiddel
der Backofen
Backaven
das Gefrierfach
Gefreerfack
der Mülleimer
Müllemmer
der Geschirrspüler
Opwaschmaschien

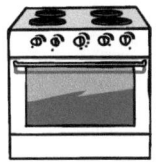

der Herd

Heerd

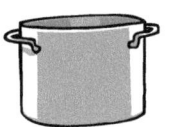

der Topf

Pott

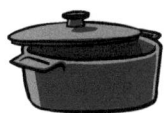

der Eisentopf

Gussiesern Putt

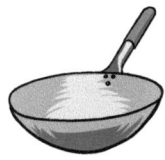

der Wok / Kadai

Wok / Kadai

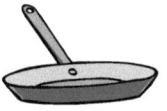

die Pfanne

Pann

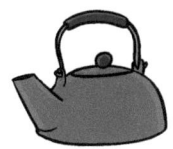

der Wasserkocher

Waterkaker

der Dampfgarer

Dampkaakputt

das Backblech

Backblick

das Geschirr

Geschirr

der Becher

Beker

die Schale

Schaal

die Essstäbchen

Eetsticken

die Suppenkelle

Suppenkell

der Pfannenwender

Pannenwenner

der Schneebesen

Sneebessen

das Kochsieb

Kaakseef

das Sieb

Seef

die Reibe

Riev

der Mörser

Mörser

der Grill

Grill

die Feuerstelle

Füerstell

das Schneidebrett

Sniedbrett

das Nudelholz

Nudelholt

der Korkenzieher

Proppentrecker

die Dose

Doos

der Dosenöffner

Dosenaapner

der Topflappen

Pottlappen

das Waschbecken

Waschbecken

die Bürste

Böst

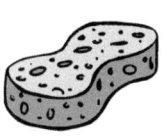

der Schwamm

Swamm

der Mixer

Mixer

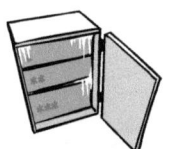

die Gefriertruhe

lesschapp

die Babyflasche

Nuckelbuddel

der Wasserhahn

Waterhahn

das Badezimmer
Baadstuuv

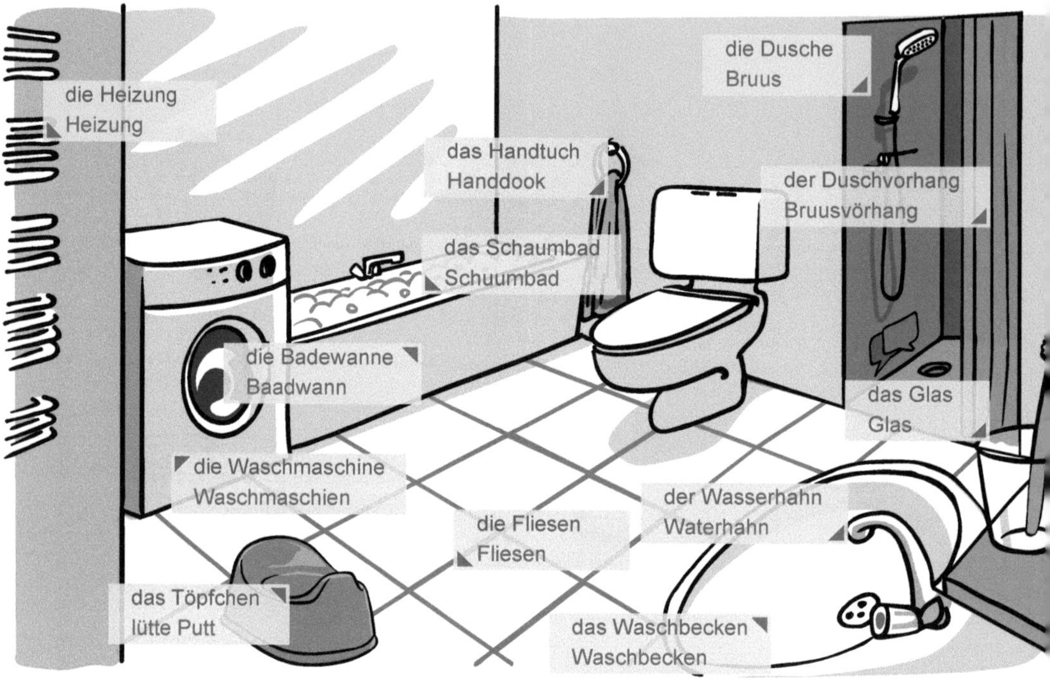

die Dusche
Bruus

die Heizung
Heizung

das Handtuch
Handdook

der Duschvorhang
Bruusvörhang

das Schaumbad
Schuumbad

die Badewanne
Baadwann

das Glas
Glas

die Waschmaschine
Waschmaschien

der Wasserhahn
Waterhahn

die Fliesen
Fliesen

das Töpfchen
lütte Putt

das Waschbecken
Waschbecken

die Toilette

Tante Meier

die Hocktoilette

Hockklo

das Bidet

Bidet

das Pissoir

Miegbecken

das Toilettenpapier

Klopapeer

die Toilettenbürste

Kloböst

die Zahnbürste

Tähnböst

die Zahnpasta

Tähnpast

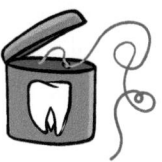

die Zahnseide

Tähnsied

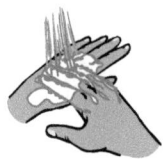

waschen

waschen

die Handbrause

Handbruus

die Intimdusche

Intimbruus

die Waschschüssel

Waschschöttel

die Rückenbürste

Rüchböst

die Seife

Seep

das Duschgel

Bruusgeel

das Shampoo

Hoorwaschmiddel

der Waschlappen

Waschlappen

der Abfluss

Afloop

die Creme

Creme

das Deodorant

Deodorant

der Spiegel

Spegel

der Kosmetikspiegel

Kosmetikspegel

der Rasierer

Raserer

der Rasierschaum

Raseerschuum

das Rasierwasser

Raseerwater

der Kamm

Kamm

die Bürste

Böst

der Föhn

Hoordröger

das Haarspray

Hoorspray

das Makeup

Smink

der Lippenstift

Lippensticken

der Nagellack

Nagellack

die Watte

Watt

die Nagelschere

Nagelscheer

das Parfum

Rüükwater

der Kulturbeutel

Kulturbüdel

der Hocker

Schemel

die Waage

Waag

der Bademantel

Baadmantel

die Gummihandschuhe

Gummihanschen

das Tampon

Tampon

die Damenbinde

Damenbinn

die Chemietoilette

Chemieklo

das Kinderzimmer
Kinnerstuuv

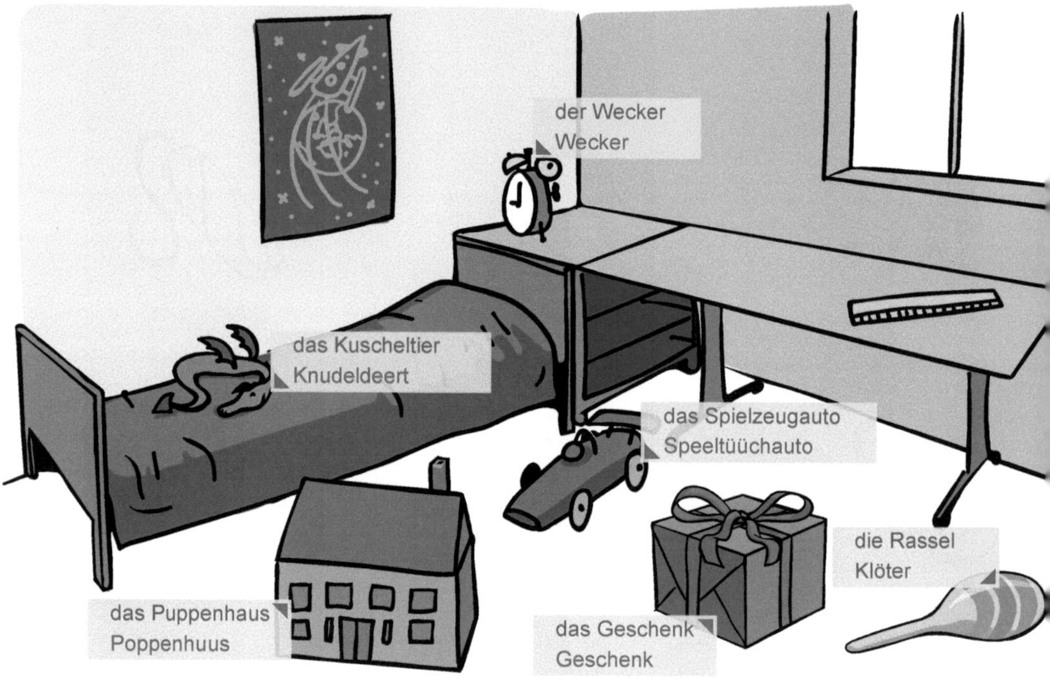
der Wecker
Wecker
das Kuscheltier
Knudeldeert
das Spielzeugauto
Speeltüüchauto
die Rassel
Klöter
das Puppenhaus
Poppenhuus
das Geschenk
Geschenk

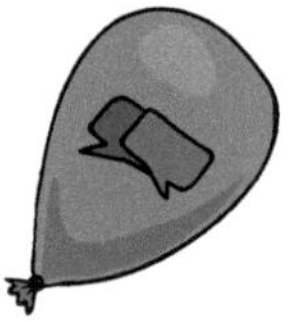

der Ballon

Luftballon

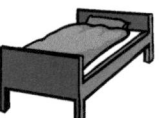

das Bett

Puuch

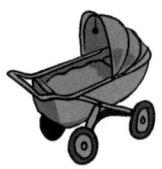

der Kinderwagen

Kinnerwagen

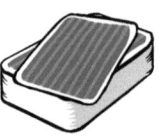

das Kartenspiel

Koortenspeel

das Puzzle

Puzzle

SUPER
MEGA

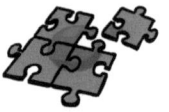

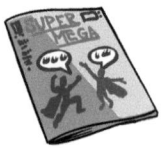

der Comic

Billergeschicht

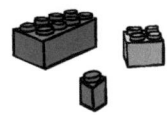

die Legosteine

Legostenen

die Bausteine

Bustenen

die Action Figur

Action-Figur

der Strampelanzug

Strampelantog

das Frisbee

Frisbeeschiev

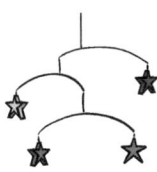

das Mobile

Mobile

das Brettspiel

Brettspeel

der Würfel

Wörpel

die Modelleisenbahn

Modelliesenbahn

der Schnuller

Snuller

die Party

Party

das Bilderbuch

Billerbook

der Ball

Ball

die Puppe

Popp

spielen

spelen

der Sandkasten

Sandkassen

die Schaukel

Schuckel

das Spielzeug

Speeltüüch

die Spielkonsole

Speelkonsool

das Dreirad

Dreerad

der Teddy

Teddyboor

der Kleiderschrank

Klederschapp

die Kleidung
Tüüch

die Socken

Socken

die Strümpfe

Strümp

die Strumpfhose

Strumpbüx

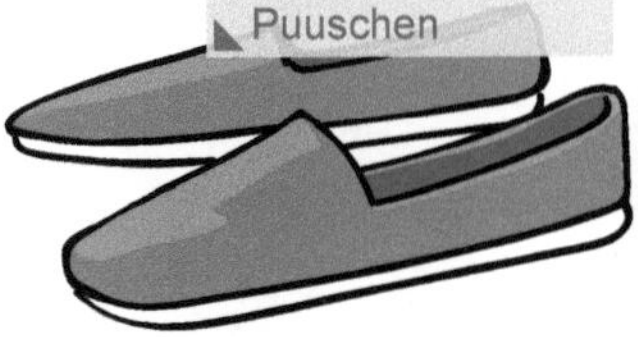

der Schal
Halsdook

der Regenschirm
Paraplü

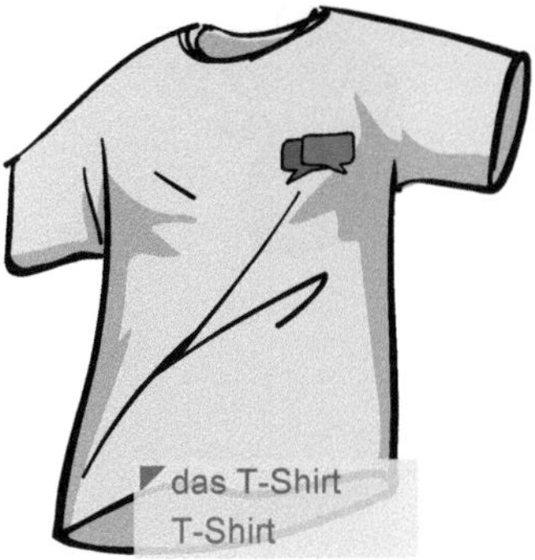

das T-Shirt
T-Shirt

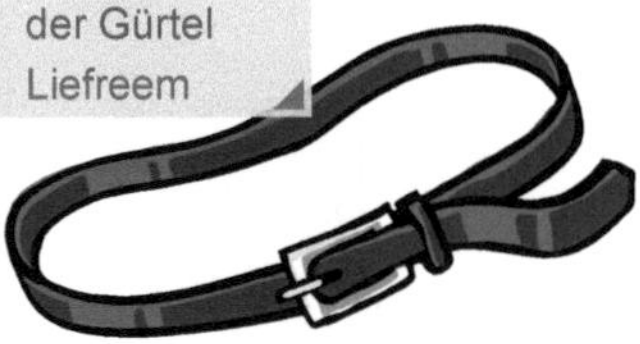

der Gürtel
Liefreem

der Stiefel
Stevel

die Hausschuhe
Puuschen

die Turnschuhe
Turnschoh

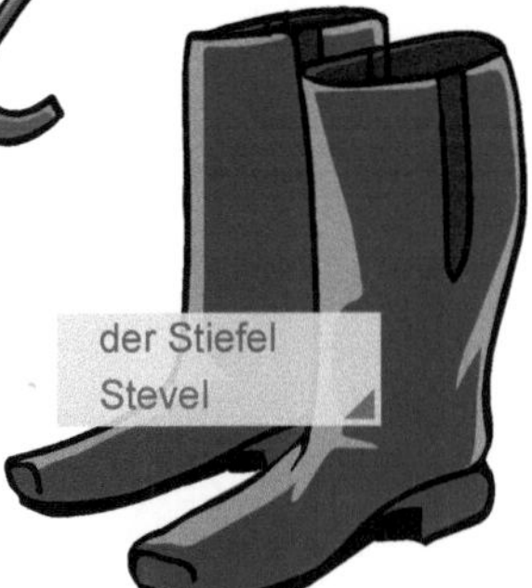

die Sandalen
....
Sandalen

die Schuhe
....
Schoh

die Gummistiefel
....
Gummistevel

die Unterhose
....
Ünnerbüx

der Büstenhalter
....
Bostholler

das Unterhemd
....
Ünnerhemd

die Kleidung - Tüüch

45

der Body

Lief

die Hose

Büx

die Jeans

Jeansnüx

der Rock

Rock

die Bluse

Bluus

das Hemd

Hemd

der Pullover

Pullover

der Kapuzenpullover

Kapuzenpullover

der Blazer

Blazer

die Jacke

Jack

der Mantel

Mantel

der Regenmantel

Övertrecker

das Kostüm

Kostüm

das Kleid

Kleed

das Hochzeitskleid

Hochtietskleed

der Anzug

Antog

das Nachthemd

Nachtkleed

der Schlafanzug

Slaapantog

der Sari

Sari

das Kopftuch

Koppdook

der Turban

Turban

die Burka

Burka

der Kaftan

Kaftan

die Abaya

Abaya

der Badeanzug

Baadantog

die Badehose

Baadbüx

die kurze Hose

Korte Büx

der Trainingsanzug

Antog to'n Öven

die Schürze

Schört

die Handschuhe

Handschoh

die Kleidung - Tüüch

der Knopf

Knopp

die Brille

Brill

das Armband

Armband

die Halskette

Halskeed

der Ring

Ring

der Ohrring

Ohrbummel

die Mütze

Mütz

der Kleiderbügel

Klederbögel

der Hut

Hoot

die Krawatte

Binner

der Reißverschluss

Rietslüter

der Helm

Helm

der Hosenträger

Drachtband

die Schuluniform

Schooluniform

die Uniform

Uniform

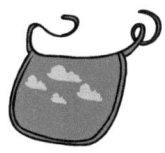

das Lätzchen

Severböten

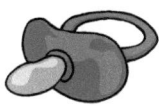

der Schnuller

Snuller

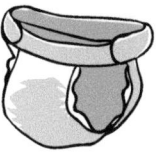

die Windel

Winnel

das Büro

Büro

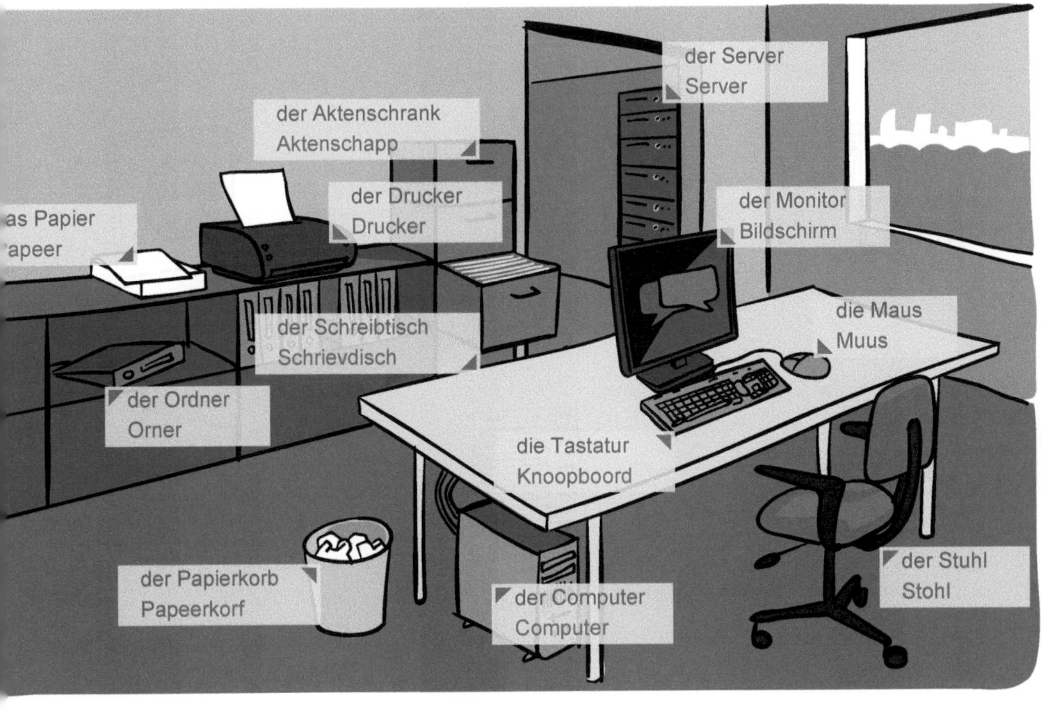
der Server
Server
der Aktenschrank
Aktenschapp
der Drucker
Drucker
as Papier
apeer
der Monitor
Bildschirm
die Maus
Muus
der Schreibtisch
Schrievdisch
der Ordner
Orner
die Tastatur
Knoopboord
der Papierkorb
Papeerkorf
der Computer
Computer
der Stuhl
Stohl

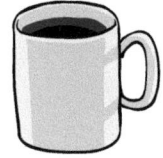

der Kaffeebecher

Koffiebeker

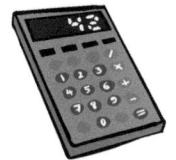

der Taschenrechner

Taschenreekner

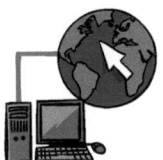

das Internet

Internet

der Laptop

Klappreekner

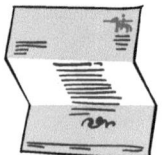

der Brief

Breef

die Nachricht

Naricht

das Handy

Ackersnacker

das Netzwerk

Nettwark

der Kopierer

Kopeerapparat

die Software

Software

das Telefon

Klöönkassen

die Steckdose

Steekdoos

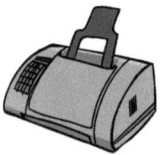

das Fax

Faxapparat

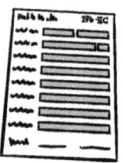

das Formular

Formulor

das Dokument

Dokument

kaufen

köpen

bezahlen

betahlen

handeln

hanneln

das Geld

Geld

der Dollar

Dollar

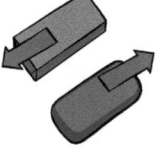

der Euro

Euro

der Yen

Yen

der Rubel

Ruvel

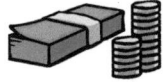

der Franken

Swiezer Franken

der Renminbi Yuan

Renminbi Yuan

die Rupie

Rupie

der Geldautomat

Geldautomat

die Wechselstube

Wesselstuuv

das Gold

Gold

das Silber

Sülver

das Öl

Ööl

die Energie

Energie

der Preis

Pries

der Vertrag

Verdrag

die Steuer

Stüer

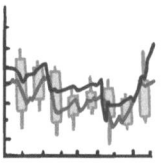

die Aktie

Andeelschien

arbeiten

arbeiden

der Angestellte

Anstellte

der Arbeitgeber

Arbeitgever

die Fabrik

Fabrik

das Geschäft

Hökerie

die Berufe
Profeschonen

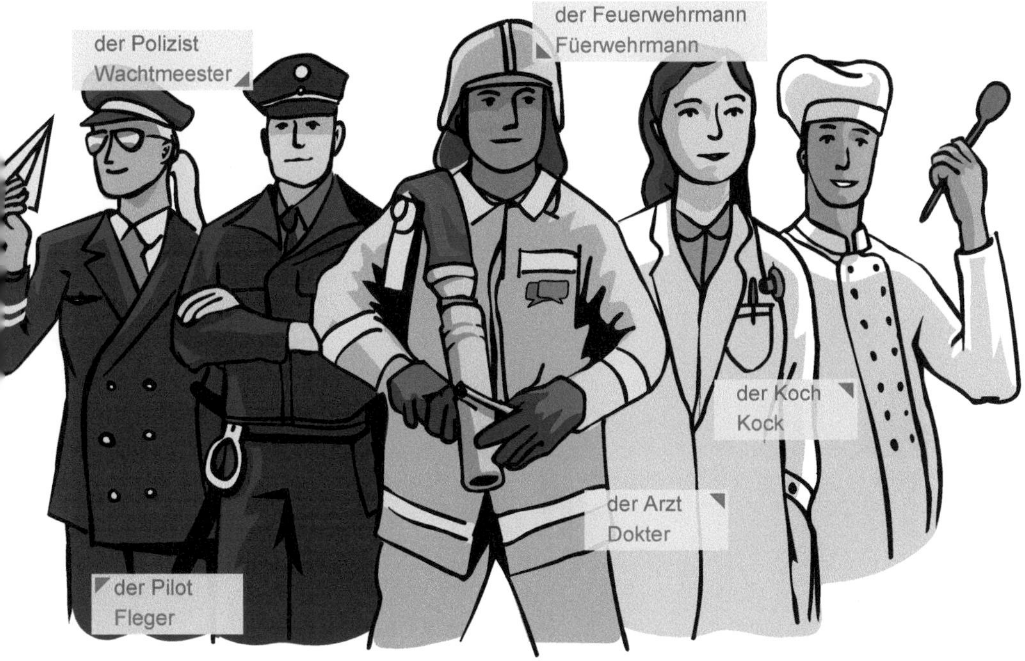
der Polizist
Wachtmeester
der Feuerwehrmann
Füerwehrmann
der Koch
Kock
der Arzt
Dokter
der Pilot
Fleger

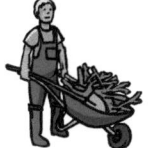

der Gärtner

Goorner

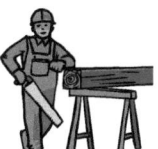

der Tischler

Discher

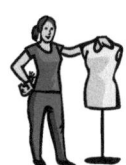

die Näherin

Neihersche

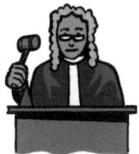

der Richter

Richter

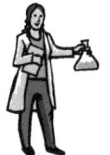

der Chemiker

Chemiker

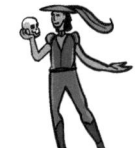

der Schauspieler

Schauspeler

der Busfahrer

Busfohrer

der Taxifahrer

Taxifohrer

der Fischer

Fischer

die Putzfrau

Reinmaakfru

der Dachdecker

Dackdecker

der Kellner

Kellner

der Jäger

Jäger

der Maler

Maler

der Bäcker

Bäcker

der Elektriker

Elektriker

der Bauarbeiter

Buarbeider

der Ingenieur

Ingenieur

der Schlachter

Slachter

der Klempner

Klempner

der Postbote

Postbüdel

die Berufe - Profeschonen

der Soldat

Suldat

der Architekt

Architekt

der Kassierer

Kasserer

der Florist

Florist

der Friseur

Putzbüdel

der Schaffner

Schaffner

der Mechaniker

Mechaniker

der Kapitän

Kaptein

der Zahnarzt

Tähndokter

der Wissenschaftler

Wetenschopler

der Rabbi

Rabbi

der Imam

Imam

der Mönch

Mönk

der Geistliche

Paap

die Werkzeuge
Warktüüch

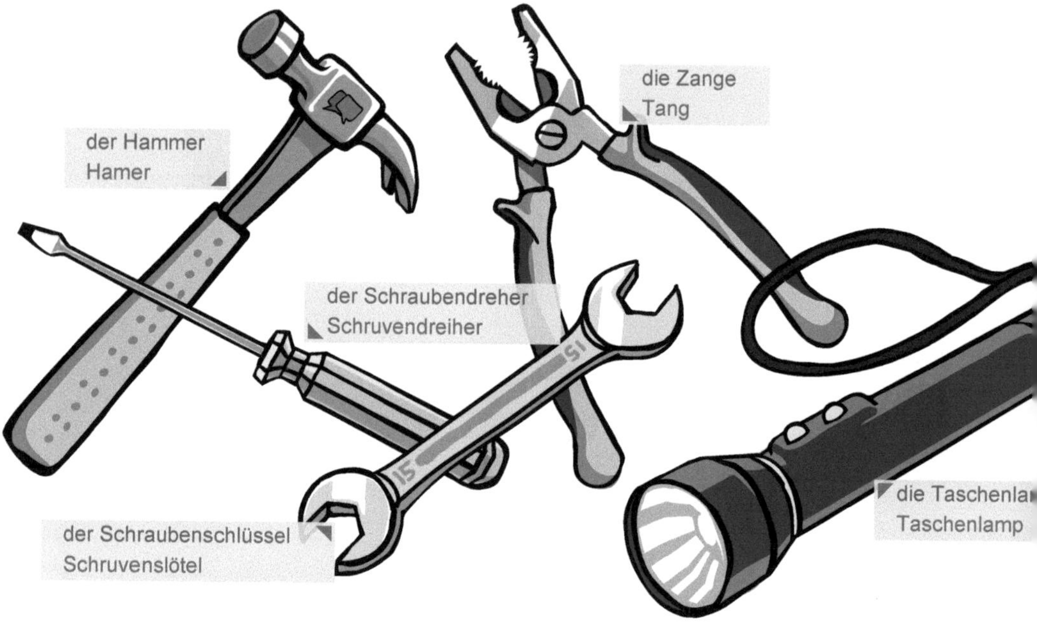
der Hammer
Hamer
die Zange
Tang
der Schraubendreher
Schruvendreiher
der Schraubenschlüssel
Schruvenslötel
die Taschenla
Taschenlamp

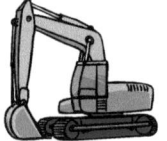

der Bagger

Grieper

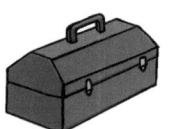

der Werkzeugkasten

Warktüüchkassen

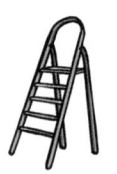

die Leiter

Ledder

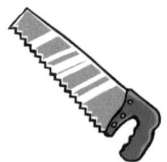

die Säge

Saag

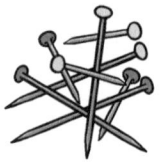

die Nägel

Nagels

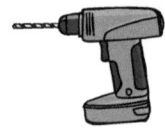

der Bohrer

Bohrer

reparieren
heelmaken

die Schaufel
Schüffel

Mist!
Schiet!

das Kehrblech
Kehrblick

der Farbtopf
Farvpott

die Schrauben
Schruven

die Musikinstrumente
Musikinstrumenten

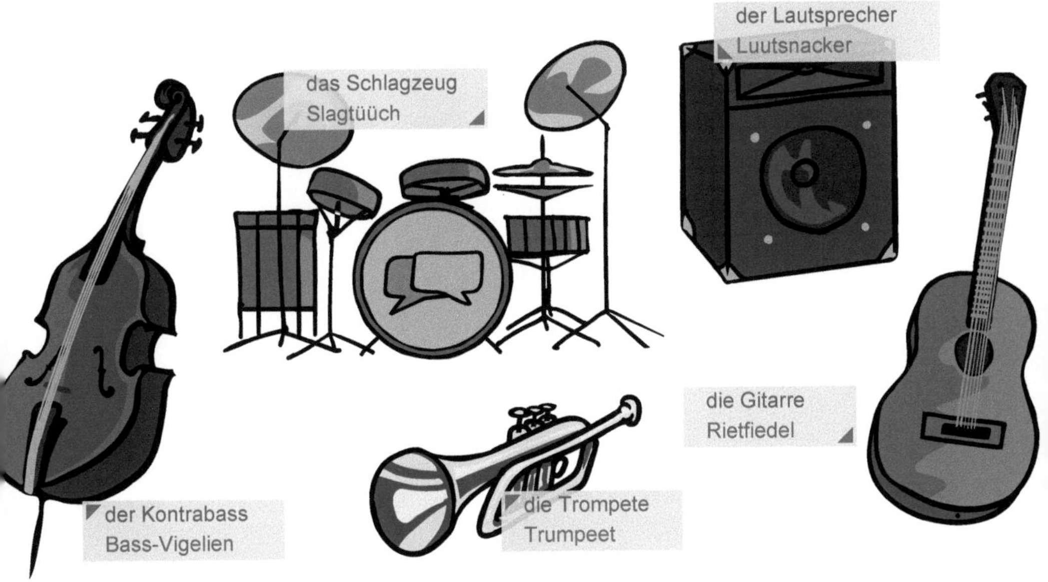

der Lautsprecher
Luutsnacker

das Schlagzeug
Slagtüüch

die Gitarre
Rietfiedel

der Kontrabass
Bass-Vigelien

die Trompete
Trumpeet

das Klavier

Klaveer

die Violine

Vigelien

der Bass

Bass

die Pauke

Pauk

die Trommeln

Trummeln

das Keyboard

Keyboard

das Saxophon

Saxophon

die Flöte

Fleut

das Mikrofon

Mikrofoon

der Zoo

Deertenpark

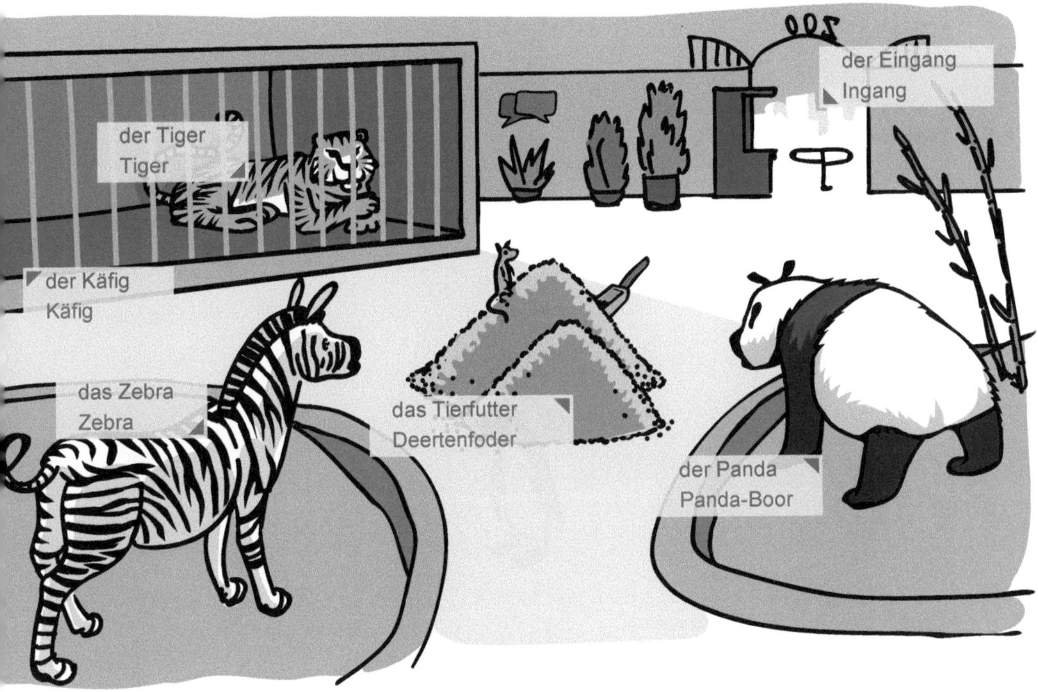

der Eingang
Ingang
der Tiger
Tiger
der Käfig
Käfig
das Zebra
Zebra
das Tierfutter
Deertenfoder
der Panda
Panda-Boor

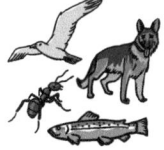

die Tiere

Deerten

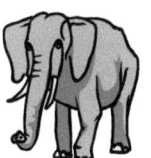

der Elefant

Elefant

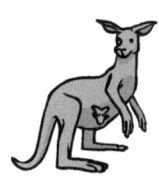

das Känguruh

Känguru

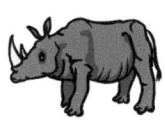

das Nashorn

Neeshoorn

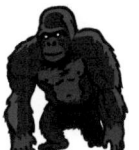

der Gorilla

Gorilla

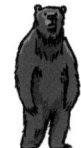

der Bär

Boor

das Kamel
Kameel

der Strauß
Struuß

der Löwe
Lööv

der Affe
Aap

der Flamingo
Flamingo

der Papagei
Papagoi

der Eisbär
Iesboor

der Pinguin
Pinguin

der Hai
Haifisch

der Pfau
Pageluun

die Schlange
Slang

das Krokodil
Krokodil

der Zoowärter
Oppasser in'n Deertenpark

die Robbe
Saalhund

der Jaguar
Jaguor

das Pony

Pony

der Leopard

Leopard

das Nilpferd

Nilpeerd

die Giraffe

Giraff

der Adler

Aadler

das Wildschwein

Wildswien

der Fisch

Fisch

die Schildkröte

Schildkrööt

das Walross

Walross

der Fuchs

Voss

die Gazelle

Gazell

das American Football
Amerikaansch Football

das Radfahren
Radfohren

das Tennis
Tennis

der Basketball
Korfball

das Schwimmen
Swümmen

das Boxen
Boxen

das Eishockey
Ieshockey

der Fußball
Football

das Badminton
Fedderball

die Leichtathletik
Leichtathletik

der Handball
Handball

das Skilaufen
Skilopen

das Polo
Polo

die Aktivitäten

Aktivitäten

springen
springen
umarmen
ümarmen
lachen
lachen
gehen
gahn
singen
singen
träumen
drömen
beten
beden
küssen
snuteln

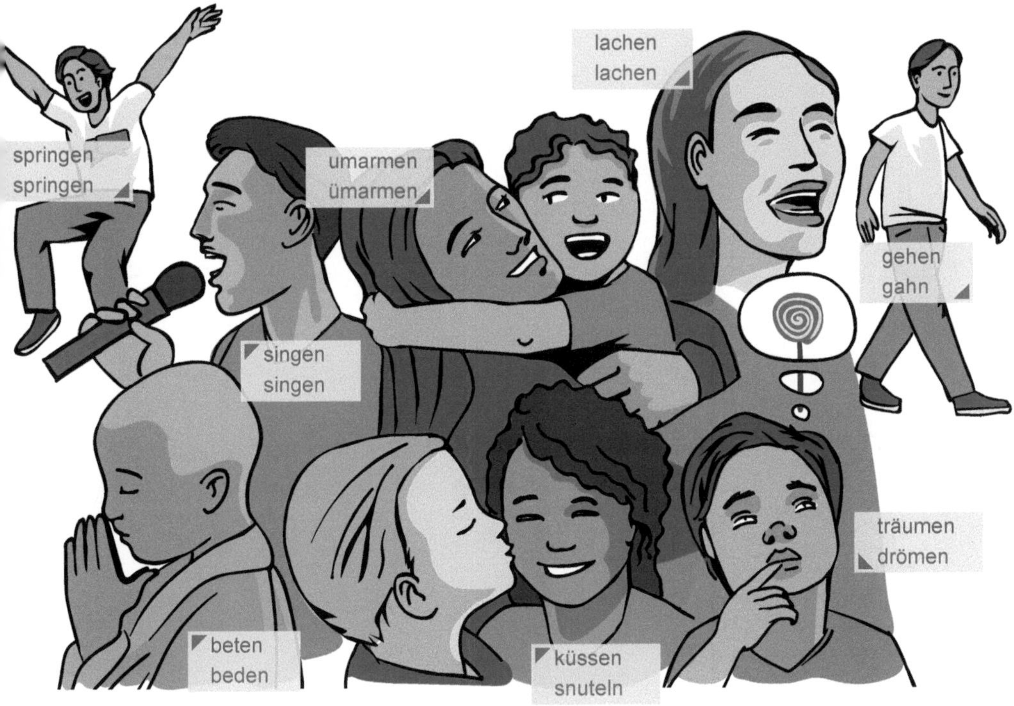

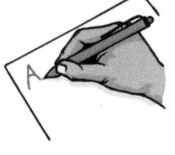

schreiben

schrieven

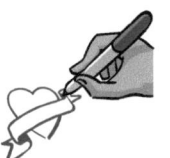

zeichnen

teken

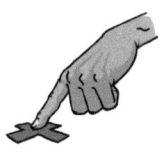

zeigen

wiesen

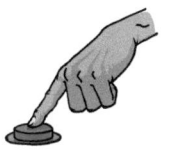

drücken

drücken

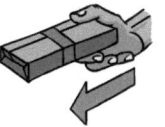

geben

geven

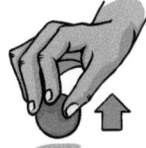

nehmen

nehmen

haben

hebben

tun

doon

sein

sien

stehen

stahn

laufen

lopen

ziehen

trecken

werfen

smieten

fallen

fallen

liegen

liggen

warten

töven

tragen

dregen

sitzen

sitten

anziehen

antrecken

schlafen

slapen

aufwachen

opwaken

ansehen

ankieken

weinen

wenen

streicheln

eien

kämmen

kämmen

reden

snacken

verstehen

verstahn

fragen

fragen

hören

hören

trinken

drinken

essen

eten

aufräumen

oprümen

lieben

leefhebben

kochen

kaken

fahren

fohren

fliegen

flegen

segeln

segeln

rechnen

reken

lesen

lesen

lernen

lehren

arbeiten

arbeiden

heiraten

de Plünnen tohoopsmieten

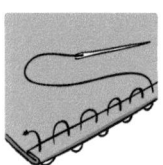

nähen

neihen

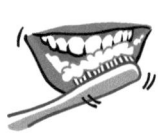

Zähne putzen

Tähnen putzen

töten

dootmaken

rauchen

smöken

senden

schicken

die Familie
Familje

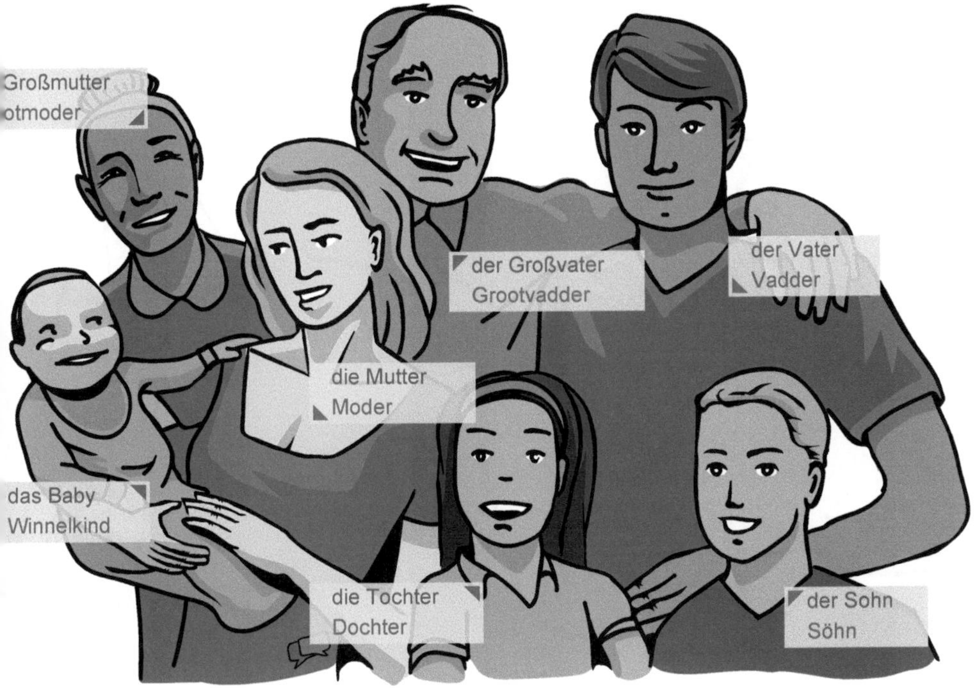

Großmutter
otmoder
der Großvater
Grootvadder
der Vater
Vadder
die Mutter
Moder
das Baby
Winnelkind
die Tochter
Dochter
der Sohn
Söhn

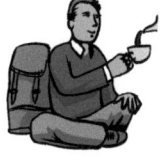

der Gast

Gast

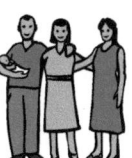

die Tante

Tant

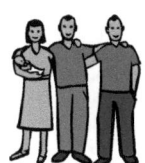

der Onkel

Unkel

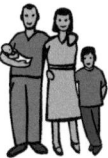

der Bruder

Broder

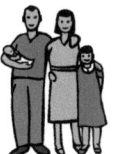

die Schwester

Süster

der Körper

Lief

die Stirn
Vörkopp
das Auge
Oog
die Schulter
Schuller
der Finger
Finger
das Gesicht
Gesicht
das Kinn
Kinn
die Hand
Hand
das Bein
Been
die Brust
Bost
der Arm
Arm

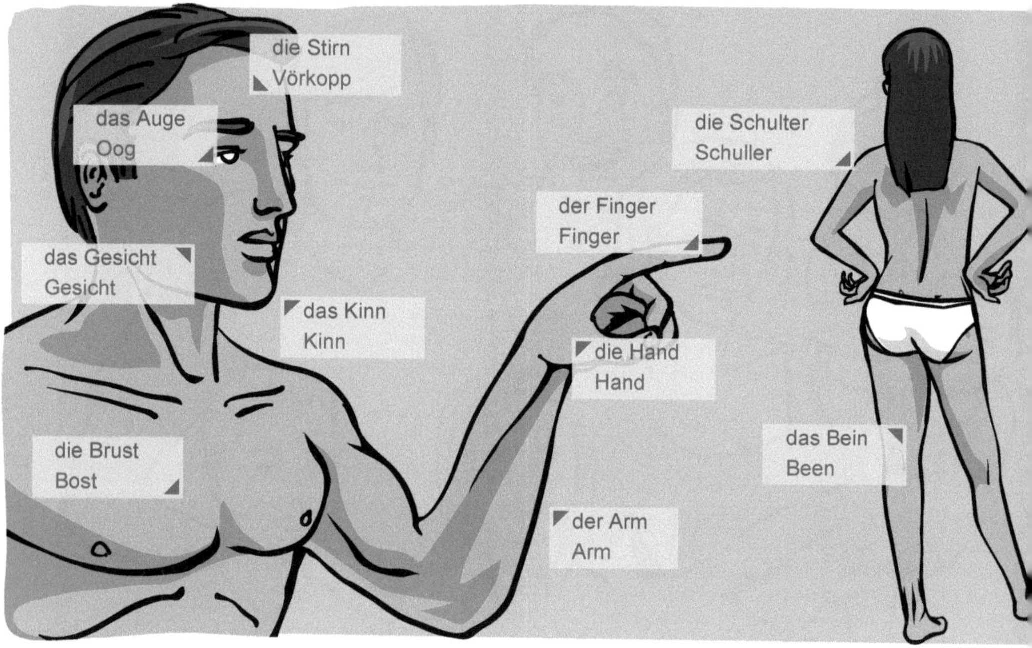

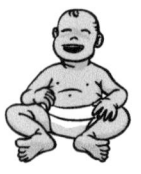

das Baby

Winnelkind

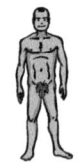

der Mann

Mann

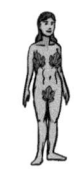

die Frau

Fro

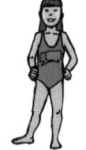

das Mädchen

Deern

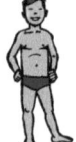

der Junge

Jung

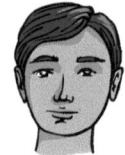

der Kopf

Arm

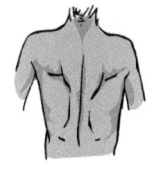

der Rücken

Rüch

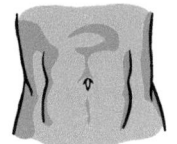

der Bauch

Buuk

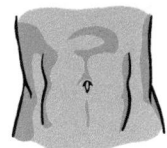

der Nabel

Navel

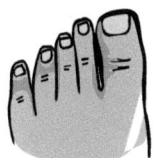

der Zeh

Teh

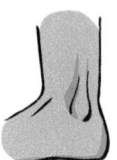

die Ferse

Hack

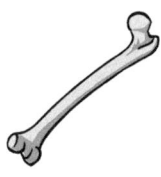

der Knochen

Knaken

die Hüfte

Hüft

das Knie

Knee

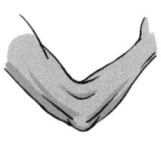

der Ellenbogen

Ellbagen

die Nase

Nees

das Gesäß

Achtersen

die Haut

Huut

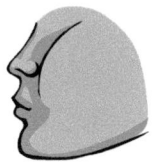

die Wange

Back

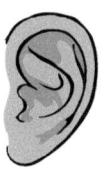

das Ohr

Ohr

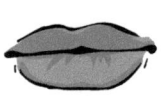

die Lippe

Lipp

der Mund

Mund

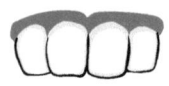

der Zahn

Tähn

die Zunge

Tung

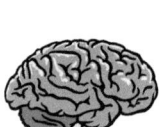

das Gehirn

Bregen

das Herz

Hart

der Muskel

Muskel

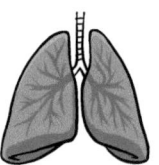

die Lunge

Lung

die Leber

Lever

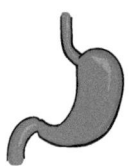

der Magen

Maag

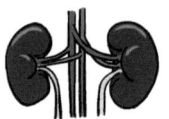

die Nieren

Neren

der Geschlechtsverkehr

Bislaap

das Kondom

Kondoom

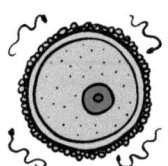

die Eizelle

Eizell

das Sperma

Sperma

die Schwangerschaft

Anner Ümstänn

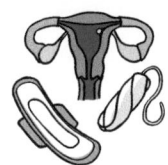

die Menstruation

Menstruatschoon

die Vagina

Scheed

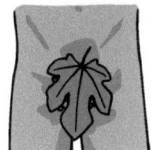

der Penis

Pint

die Augenbraue

Ogenbroe

das Haar

Hoor

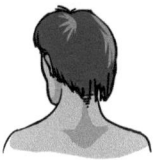

der Hals

Hals

das Krankenhaus
Krankenhuus

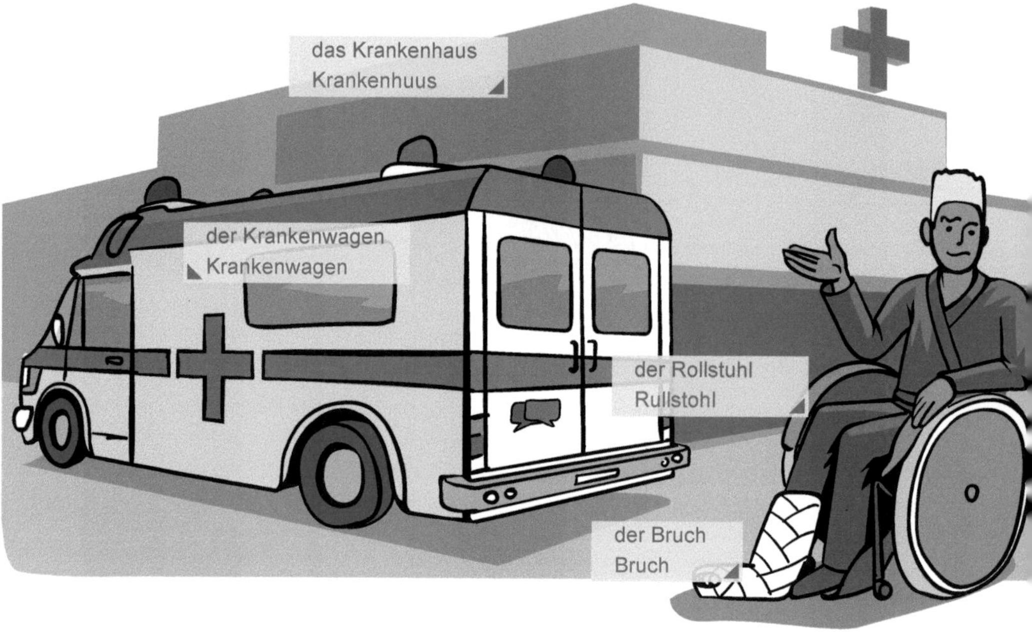

das Krankenhaus
Krankenhuus
der Krankenwagen
Krankenwagen
der Rollstuhl
Rullstohl
der Bruch
Bruch

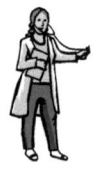

der Arzt

Dokter

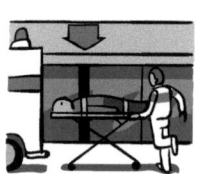

die Notaufnahme

Nootopnahm

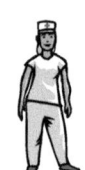

die Krankenschwester

Krankensüster

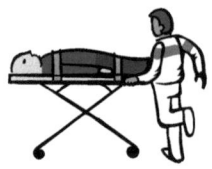

der Notfall

Nootfall

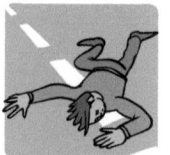

ohnmächtig

ahnmächtig

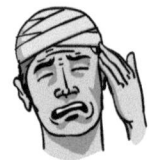

der Schmerz

Wehdaag

die Verletzung

Verwunnen

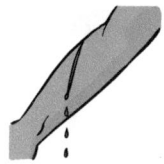

die Blutung

Blöden

der Herzinfarkt

Hartinfarkt

der Schlaganfall

Slaganfall

die Allergie

Allergie

der Husten

Hoosten

das Fieber

Fever

die Grippe

Gripp

der Durchfall

Dörchfall

die Kopfschmerzen

Koppwehdaag

der Krebs

Kreeft

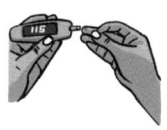

die Diabetis

Zuckersüük

der Chirurg

Chirurg

das Skalpell

Chirurgsch Mess

die Operation

Operatschoon

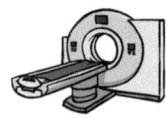

das CT

CT

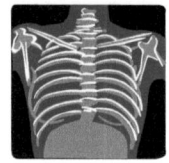

das Röntgen

Dörchlüchten

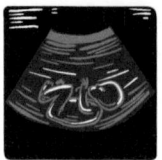

das Ultraschall

Ultraschall

die Maske

Mask

die Krankheit

Krankheit

das Wartezimmer

Töövruum

die Krücke

Krück

das Pflaster

Plaaster

der Verband

Verband

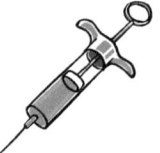

die Injektion

Insprütten

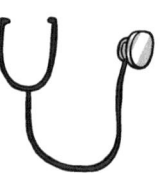

das Stethoskop

Stethoskop

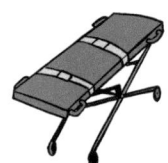

die Trage

Draag

das Thermometer

Feverthermometer

die Geburt

Geboort

das Übergewicht

Övergewicht

das Krankenhaus - Krankenhuus

das Hörgerät

Höörapparat

das Desinfektionsmittel

Kiemfriemiddel

die Infektion

Ansteken

das Virus

Virus

das HIV / AIDS

HIV / AIDS

die Medizin

Heelmiddel

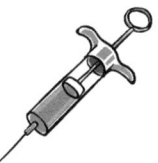

die Impfung

Impen

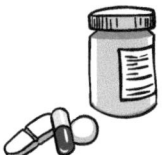

die Tabletten

Tabletten

die Pille

Pill

der Notruf

Nootroop

das Blutdruck-Messgerät

Blootdruck-Meter

krank / gesund

krank / gesund

Hilfe!

Hölp!

der Alarm

Alarm

der Überfall

Överfall

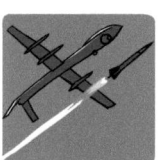

der Angriff

Angreep

die Gefahr

Gefohr

der Notausgang

Nootutgang

Feuer!

Füer!

der Feuerlöscher

Füerlöscher

der Unfall

Unfall

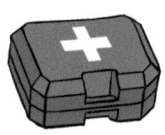

der Erste-Hilfe-Koffer

Noothölpkoffer

SOS

SOS

die Polizei

Polizei

das Europa

Europa

das Nordamerika

Noordamerika

das Südamerika

Süüdamerika

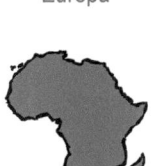

das Afrika

Afrika

das Asien

Asien

das Australien

Australien

der Atlantik

Atlantik

der Pazifik

Pazifik

der Indische Ozean

Indisch Weltmeer

der Antarktische Ozean

Antarktisch Weltmeer

der Arktische Ozean

Arktisch Weltmeer

der Nordpol

Noordpol

der Südpol
Süüdpol

die Antarktis
Antarktis

die Erde
Eerd

das Land
Land

das Meer
See

die Insel
Eiland

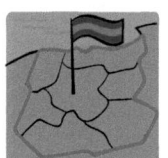

die Nation
Natschoon

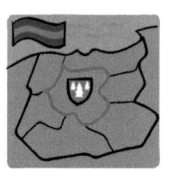

der Staat
Staat

das Zifferblatt

Tallenblatt

der Stundenzeiger

Stunnenwieser

der Minutenzeiger

Minutenwieser

der Sekundenzeiger

Sekunnenwieser

Wie spät ist es?

Wo laat is dat?

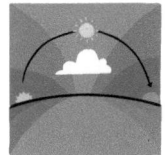

der Tag

Dag

die Zeit

Tiet

jetzt

nu

die Digitaluhr

digetaalsch Klock

die Minute

Minuut

die Stunde

Stunn

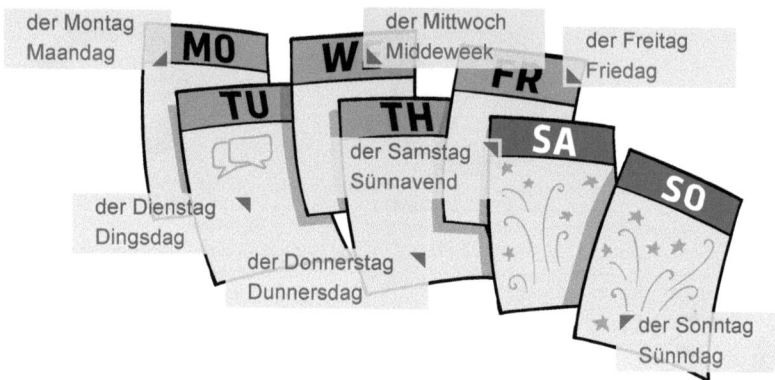

der Montag
Maandag

der Mittwoch
Middeweek

der Freitag
Friedag

der Dienstag
Dingsdag

der Samstag
Sünnavend

der Donnerstag
Dunnersdag

der Sonntag
Sünndag

gestern

güstern

heute

hüüt

morgen

morgen

der Morgen

Morgen

der Mittag

Meddag

der Abend

Avend

MO	TU	WE	TH	FR	SA	SU
1	2	3	4	5	6	7
8	9	10	11	12	13	14
15	16	17	18	19	20	21
22	23	24	25	26	27	28
29	30	31	1	2	3	4

die Arbeitstage

Arbeitsdaag

MO	TU	WE	TH	FR	SA	SU
1	2	3	4	5	6	7
8	9	10	11	12	13	14
15	16	17	18	19	20	21
22	23	24	25	26	27	28
29	30	31	1	2	3	4

das Wochenende

Wekenenn

das Jahr
Johr

der Regen
Regen
der Regenbogen
Regenbagen
der Schnee
Snee
der Winc
Wind
der Frühling
Fröhjohr
der Herbst
Harvst
der Sommer
Sommer
der Winter
Winter

4.APRIL 11°
5.APRIL 4°
6.APRIL 13°
7.APRIL 8°
8.APRIL 10°

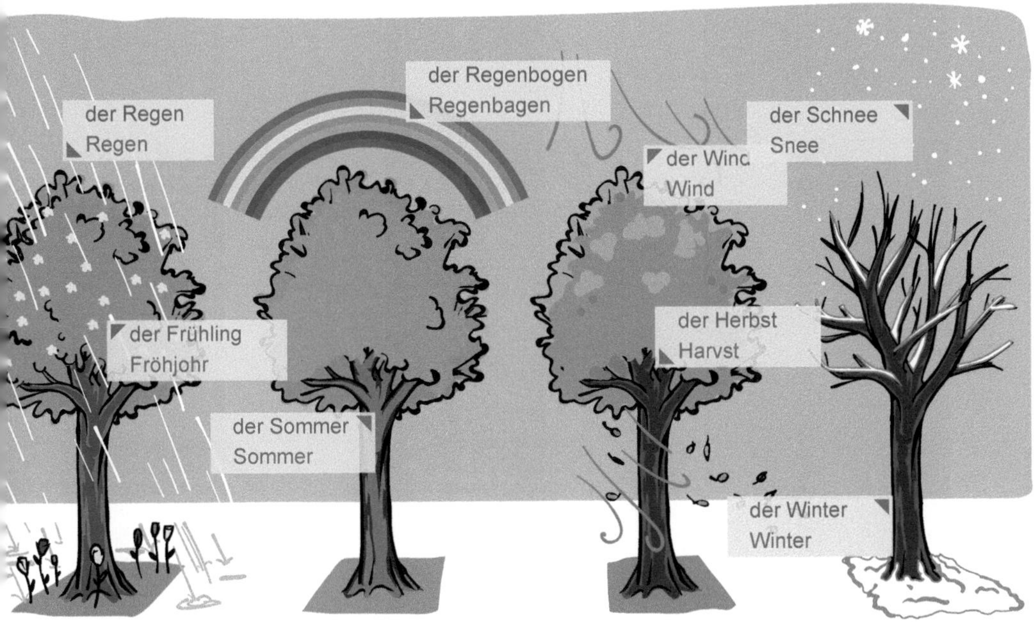

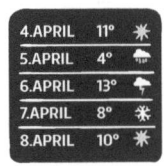

die Wettervorhersage

Wedervörhersaag

F C
120 40
90 30
60 20
30 10
0 0
-30 -10
-20

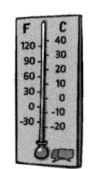

das Thermometer

Thermometer

der Sonnenschein

Sünnenschien

die Wolke

Wulk

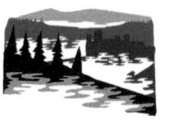

der Nebel

Nevel

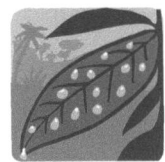

die Luftfeuchtigkeit

Luftfuchtigkeit

der Blitz

Blitz

der Donner

Dunner

der Sturm

Storm

der Hagel

Hagel

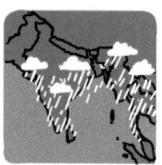

der Monsun

Monsun

die Flut

Floot

das Eis

Ies

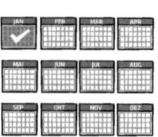

der Januar

Januormaand

der Februar

Februormaand

der März

Martmaand

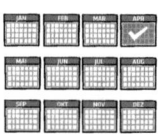

der April

Aprilmaand

der Mai

Maimaand

der Juni

Junimaand

der Juli

Julimaand

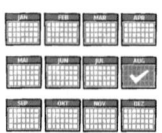

der August

Augustmaand

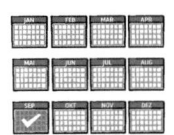

der September
....
Septembermaand

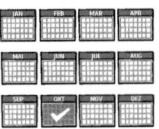

der Oktober
....
Oktobermaand

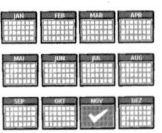

der November
....
Novembermaand

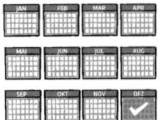

der Dezember
....
Dezembermaand

die Formen

Formen

der Kreis
....
Krink

das Quadrat
....
Quadrat

das Rechteck
....
Rechteck

das Dreieck
....
Dreeeck

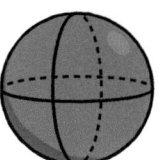

die Kugel
....
Kugel

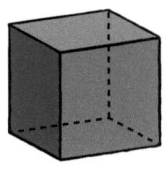

der Würfel
....
Wörpel

weiß
....
witt

gelb
....
geel

orange
....
orangsch

pink
....
pink

rot
....
root

lila
....
lila

blau
....
blau

grün
....
gröön

braun
....
bruun

grau
....
gries

schwarz
....
swart

viel / wenig

veel / wenig

wütend / friedlich

böös / verdreeglich

hübsch / hässlich

smuck / mies

der Anfang / das Ende

Begünn / Enn

groß / klein

groot / lütt

hell / dunkel

hell / düüster

r Bruder / die Schwester

Broder / Süster

sauber / schmutzig

schier / schietig

vollständig / unvollständig

kumpleet / nich kumpleet

der Tag / die Nacht

Dag / Nacht

tot / lebendig

doot / lebennig

breit / schmal

breet / small

genießbar / ungenießbar

geneetbor / nich geneetbor

böse / freundlich

böös / fründlich

aufgeregt / gelangweilt

fickerig / langwielt

dick / dünn

dick / dünn

zuerst / zuletzt

toeerst / toletzt

der Freund / der Feind

Fründ / Fiend

voll / leer

vull / leddig

hart / weich

hart / week

schwer / leicht

swoor / licht

der Hunger / der Durst

Smacht / Döst

krank / gesund

krank / gesund

illegal / legal

nich na't Recht / na't Recht

intelligent / dumm

klook / dummerhaftig

links / rechts

linkerhand / rechterhand

nah / fern

neeg / feern

neu / gebraucht
....
nieg / bruukt

nichts / etwas
....
nix / wat

alt / jung
....
oolt / jung

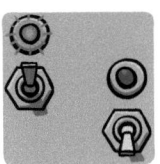
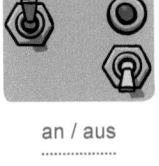

an / aus
....
an / ut

offen / geschlossen
....
apen / slaten

leise / laut
....
lies / luut

reich / arm
....
riek / arm

richtig / falsch
....
richtig / verkehrt

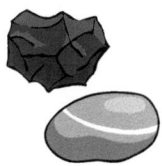

rau / glatt
....
ruug / glatt

traurig / glücklich
....
trurig / glücklich

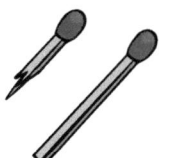

kurz / lang
....
kort / lang

langsam / schnell
....
suutje / flink

nass / trocken
....
natt / dröög

warm / kühl
....
warm / köhl

der Krieg / der Frieden
....
Krieg / Freden

die Gegenteile - Gegendelen

die Zahlen
Tallen

0

null
·········
null

1

eins
·········
een

2

zwei
·········
twee

3

drei
·········
dree

4

vier
·········
veer

5

fünf
·········
fief

6

sechs
·········
söss

7

sieben
·········
söven

8

acht
·········
acht

9

neun
·········
negen

10

zehn
·········
teihn

11

elf
·········
ölven

88   die Zahlen - Tallen

12

zwölf
twölf

13

dreizehn
dörteihn

14

vierzehn
veerteihn

15

fünfzehn
föffteihn

16

sechzehn
sössteihn

17

siebzehn
söventeihn

18

achtzehn
achtteihn

19

neunzehn
negenteihn

20

zwanzig
twintig

100

hundert
hunnert

1.000

tausend
dusend

1.000.000

million
million

Englisch

Engelsch

Amerikanisches Englisch

Amerikaansch Engelsch

Chinesisch Mandarin

Chineesch Mandarin

Hindi

Hindi

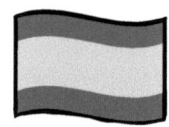

Spanisch

Spaansch

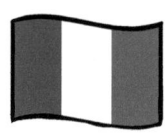

Französisch

Franzöösch

Arabisch

Araabsch

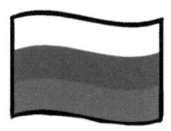

Russisch

Rusch

Portugiesisch

Portugiesch

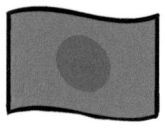

Bengalisch

Bengaalsch

Deutsch

Düütsch

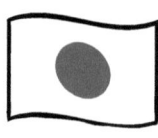

Japanisch

Japaansch

ich
ik

du
du

er / sie / es
he / se / dat

wir
wi

ihr
ji

sie
se

wer?
keen?

was?
wat?

wie?
woans?

wo?
woneem?

wann?
wannehr?

HELLO, I AM

Name
Naam

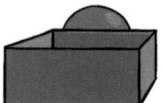

hinter

achter

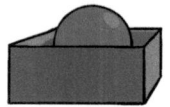

in

in

vor

vör

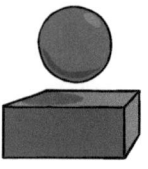

über

över

auf

op

unter

ünner

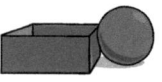

neben

blangen

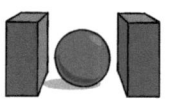

zwischen

twüschen

der Ort

Oort